Inhaltsangabe

Inhaltsangabe

Günter Kaiser

Übers Wasser gehen
Wunder(n) – Staunen – Glauben

Inhaltsangabe

Bibliografische Information der Deutschen Nationalbibliothek:
Die Deutsche Nationalbibliothek verzeichnet diese Publikation
in der Deutschen Nationalbibliografie; detaillierte bibliografische
Daten sind im Internet über http://dnb.dnb.de abrufbar.

©2022 Günter Kaiser
Herstellung und Verlag:
BoD – Books on Demand, Norderstedt

ISBN: 9783755757092

Inhaltsangabe

Vorwort

„Wunder gibt es immer wieder, heute oder morgen können sie geschehen – Wunder gibt es immer wieder, wenn sie dir begegnen, mußt Du sie auch sehn"[1]. Dieser Schlagertext aus dem Jahre 1970, gesungen von Katja Ebstein als deutschen Beitrag zum Grand Prix de Eurovision, beschreibt die Möglichkeit und zugleich die Unverfügbarkeit von sogenannten Wundern. Möglich, weil immer wieder Menschen auf unerklärliche Weise mit Situationen konfrontiert werden, die sie weder verstehen noch begründen können; unverfügbar, weil wir Menschen mit all unserem Ideenreichtum, unserem Wissen oder unserem Vermögen diese unerklärlichen Phänomene nicht zu beherrschen vermögen. Und doch, Wunder – oder was wir dafür halten – begegnen uns immer wieder. Erkennen wir sie auch?

Die Heilige Schrift, und ganz besonders das zweite, das Neue Testament reiht Wundertaten aneinander wie kostbare Perlen auf einer wunderschönen Kette. Vielen Menschen ist Jesus von Nazareth in erster Linie durch seine ihm zugeschriebenen Wundertaten bekannt. Er heilte Kranke, gab Blinden das Augenlicht zurück, speiste Menschenmassen mit wenigen Broten und Fischen, und erweckte sogar Verstorbene wieder zum Leben. Doch wenn wir Jesu Leben und Wirken ausschließlich auf seine Wunderwirkungen reduzie-

---

[1] Liedtext: Guenter Rudolf Loose, 1970

ren oder die Wunder isoliert betrachten, reißen wir sie aus ihrem weit größeren Zusammenhang heraus. Denn hinter jeder einzelnen Wundertat steht eine sehr viel tiefere Absicht und Botschaft, die mit dem Wundergeschehen untrennbar verbunden ist. Bereits den Zeitgenossen und Zuhörern Jesu ging es vielfach nur um das vom Kontext isolierte Wunder, von dem sie sich eine höhere Lebensqualität oder materiellen Vorteil versprachen. So musste Jesus sogar vor der Volksmenge fliehen, die ihn nach dem Brotwunder gerne zum König gemacht hätte.

Es ist ein typisch menschliches Verhalten, sich an Personen oder Dinge zu halten, die das eigentlich Unmögliche möglich zu machen versprechen. Das beginnt beim Werbespot für ein Waschmittel, das die Wäsche noch weißer als weiß machen soll, bei einer simplen Wunderpille, die die Kilos purzeln lassen soll, und endet schließlich bei (Un)Heilspropheten vom Kaliber eines Lenin oder Hitler oder Mao. Immer wieder suchen wir einen einfachen, direkten Weg zu unseren Wünschen und Vorstellungen, anstatt den gangbaren, aber schwierigeren Weg einzuschlagen. Es ist natürlich verlockender, als Lottomillionär zu Wohlstand zu gelangen als durch jahrzehntelange harte Arbeit. Die Sehnsucht nach Wundern spiegelt oft genug unser Verlangen nach schwer oder unmöglich zu erreichenden Ergebnissen ohne unser tatkräftiges Zutun ab. Oft genug bemühen wir dafür dann Heilige, Maria oder Gott selbst.

Doch worum ging es Jesus, worum geht es Gott wirklich? Warum hat er Wunder immer nur sehr gezielt eingesetzt, während viele andere Male einzelne Menschen und ganze Völker vergeblich darauf warteten und auch heute noch warten? Wenn wir uns von sogenannten Wundern nur eine schnelle Befriedigung unserer Wünsche oder das Ende von unangenehmen Situationen für uns selbst erwarten, werden wir wahrscheinlich mehr enttäuscht als überrascht werden. Daher darf neben den Schilderungen der biblischen Wunder auch deren Kontext niemals vernachlässigt werden. Oft eröffnet erst das Lesen zwischen den Zeilen das Verständnis für Gottes Handlungsweisen. Und doch werden wir IHN mit aller Suche und allem Bemühen niemals endgültig ergründen können, denn er bleibt der ganz Andere und entzieht sich unseren Vorstellungen teilweise oder ganz. Dennoch können wir aus der Sichtweise Jesu zumindest erahnen, wie dieser Wunder-volle Gott tickt und sich seiner Schöpfung zuwendet.

Ich möchte Sie gern einladen, eine kleine Spurensuche der wunderbaren Handlungen Jahwes, Jesu und des Heiligen Geistes zu wagen und für sich selber die eine oder andere Lösung zu entdecken. Antworten, die sich manchmal geradezu aufdrängen, aber auch Erkenntnisse, die sich nur mit dem Herzen und gut verborgen zwischen den Zeilen der Wundererzählungen finden lassen. „Übers Wasser gehen", hat Petrus gewagt, und musste doch erkennen, das das gar nicht so einfach ist. Schwierig ist es allemal, aber ist es deswegen auch unmöglich? Unser Glaube ist immer wieder für Überraschungen gut und hält manche neue Sichtweise bereit.

Günter Kaiser

WIE SCHWER FÄLLT GLAUBEN?

Du Kleingläubiger – warum hast Du gezweifelt? (Matthäus 14, 31)

Wissen – Voraussetzung für unser Handeln?

Es klingt ganz einfach: Wir stützen unser Entscheiden und
Tun auf Erkenntnisse und Erfahrungen, die wir entweder
selbst bereits gemacht haben, von denen uns andere über-
zeugt haben oder die gültiger Standard wissenschaftlicher
Erkenntnisse sind. Damit begeben wir uns in eine zwingen-
de Logik aus Wissen, Ursache und Wirkung. Indem wir unser oder das allgemeine Wissen auf einen quasi absoluten
Stand setzen, grenzen wir uns gegenüber Halbwahrheiten,
Fiktionen und unbewiesenen Aussagen ab. Doch gibt es
denn wirklich absolutes Wissen? Die antike Welt sah die
Erde als Scheibe, die ringsum von einem großen Ozean um-
geben war, an dessen Rand man in die ewige Dunkelheit
hinabstürzen konnte. Diese Ansicht galt als derartig funda-
mental, dass sich die großen Gelehrten der Astronomie wie
Galilei oder Kopernikus mit der Erkenntnis einer kugelför-
migen Erde erst einmal dem Vorwurf der Ketzerei ausgeliefert sahen. Nicht anders erging es der Evolutionstheorie und
ihrem Begründer Charles Darwin, stellte sie doch die wort-
gemäße Auslegung der Heiligen Schrift, speziell der biblischen Schöpfungsgeschichte massiv in Frage. Allein diese
wenigen Beispiele lassen unser „Wissen" als absolutes Krite-

13

rium recht schnell brüchig erscheinen, und manche Theorie, die wir heute noch als unumstößlich ansehen, kann bereits morgen durch neue Erkenntnisse widerlegt werden. Das soll und darf jetzt kein Plädoyer gegen unseren Wissensschatz und ein darauf begründetes Handeln sein, doch weichen sich die vermeintlich absoluten Grenzen zwischen „bewiesenem" Wissen und unbewiesenen Hypothesen immer wieder auf. Unser menschlicher Genius und das gebündelte weltweite Forschen auf vielen Gebieten verschieben die Grenze zwischen Theorien und Beweisen immer weiter weg, und was heute noch als absolut unmöglich erscheint, kann wenige Generationen später bereits zum Lebensalltag gehören.

„Glauben heißt, nicht wissen" – Falsch!

Diese immer wieder zu hörende Floskel verwechselt Glauben mit Vermuten oder Spekulieren, und legt so schnell eine falsche Fährte. Denn Glauben bedeutet nicht das Gegenteil von Wissen, und ist auch nicht eine Art von Annehmen, Erraten oder Vermuten. Glauben hat vielmehr mit Vertrauen zu tun. „Ich glaube dir" meint, dass ich das, was du mir sagst, als Wahrheit anerkenne. Vollkommener Glaube verzichtet auf eigenes Überprüfen von Beweisen. An die Stelle eigener Nachprüfung tritt das Wort des Gegenübers, das ich als Wahrheit anerkenne. „Ich glaube an dich" geht noch sehr viel tiefer. Ich vertraue dir so sehr, dass ich dir mein gesamtes Leben blind in die Hände legen kann. Dabei hebe ich meinen vertrauenden Glauben auf eine so hohe Ebene, dass es mit dem Wissen gleichzieht oder es sogar übersteigt. Vollkommener Glaube überwindet die Skepsis, befreit von der Angst enttäuscht zu werden und ersetzt diese Furcht durch ein inniges Vertrauen.

Stellen wir uns doch nur blinde Menschen vor, die noch nicht gelernt haben, mit Hilfe eines Blindenstocks ihren Weg eigenständig und selbstsicher zu finden. Sie müssen, ob sie wollen oder nicht, auf fremde Hilfe vertrauen, sei es eine andere Person oder ein ausgebildeter Blindenhund. Wahrscheinlich werden sie erst eine Phase der Unsicherheit oder Angst erleben, bis sie an den anderen Menschen oder den Hund an der Seite „glauben" können.

Doch dieses grenzenlose Vertrauen fällt uns nicht wie ein reifer Apfel in den Schoß; es muss teilweise mühsam erlernt und herausgebildet werden. Und es ist immer in der Gefahr, enttäuscht, missbraucht und ausgenutzt zu werden. Deswegen tun sich Menschen mit dem Glauben nicht immer leicht, und einmal in diesem Zusammenhang erlittene Verletzungen machen erneutes Glauben schwierig, wenn nicht sogar unmöglich. Das hat sicherlich mit der menschlichen Evolution; mit den ersten Menschen als urzeitliche Savannenbewohner zu tun, bei denen ein gesundes Misstrauen gegenüber der scheinbaren Ruhe bei Gefahren über Leben und Tod entscheiden konnte. Angst als gesunde Emotion und als Part eines umsichtigen Handelns ist erst einmal etwas Positives, hält sie doch die menschlichen Sinne wach und

bewahrt vor unliebsamen Überraschungen. Angst und Misstrauen können aber leicht zum beherrschenden inneren Ge-
fühl werden, und sich zu einem Teufelskreis aufbauen, aus
dem es ohne fremde Hilfe oft kein Entrinnen mehr gibt.

Der skeptische Mensch

*Falls Gott die Welt geschaffen hat, war seine Sorge sicher nicht, sie so
zu machen, dass wir sie verstehen können. (Albert Einstein)*[2]

Es gab in der Kirchengeschichte schwarze Zeiten, da waren
die Menschen zu einem Glaubenszwang verurteilt, und jede
Abweichung davon konnte auf dem Scheiterhaufen der Inquisition enden. Das kirchliche Lehramt gab vor, was zu
glauben war; Hinterfragen wurde nicht geduldet und führte
zur Exkommunikation aus der Gemeinschaft der Kirche.
Die Reformation im Deutschland des 16. Jahrunderts öffne-
te die Tür ein Stück weit in Richtung Glaubensbildung
zugunsten der einfachen Menschen. Der dreißigjährige
Krieg drohte diese aufgekeimte Freizügigkeit wieder zunich-
te zu machen und offenbarte das erbarmungslose Gegenein-
ander der christlichen Glaubensrichtungen. Die Zeit der

---

[2] Theoretischer Physiker und Entdecker der Relativitätstheorie
(1879-1955)

Aufklärung emanzipierte die Denker und Forscher langsam, aber stetig von den festzementierten Lehrmeinungen des Mittelalters und förderte die Freiheit des Denkens. Wahrscheinlich ist auch in dieser Zeit die zitierte Floskel „Glauben heißt nicht wissen" entstanden, denn dem Gottesglauben auf der einen Seite standen jetzt wissenschaftliche oder philosophische Aussagen gegenüber, die teilweise ohne den Glauben an (einen) Gott auszukommen meinten.

Der Mensch ist aus seinem innersten Wesen heraus skeptisch. Er hinterfragt und verneint, er forscht und entdeckt, er probiert neue Wege und Methoden und entwickelt sich, nicht zuletzt nach dem Prinzip „Versuch und Irrtum", stetig weiter. Viele der großen Erfindungen und Entdeckungen wurden erst möglich, weil Menschen vorgegebene Wege und Traditionen verlassen haben, um Neues auszuprobieren. Skepsis ist also nicht etwas von vornherein Schlechtes, denn sie lässt über Alternativen nachdenken. Schädlich wird sie erst, wenn sie jedes Vertrauen unmöglich macht und den ungläubigen und zum Vertrauen unfähigen Menschen ängstlich und verunsichert zurücklässt. Fehlendes Vertrauen aber ist oftmals mit einem Liebesdefizit, aktiv und passiv, verbunden.

Wenn wir uns aus dieser Ansicht heraus den Titel dieses Buches ansehen, der sich mit einem an und für sich unmöglichen physikalischen Fakt befasst, dann wird nicht nur ein skeptischer Mensch antworten: „Nein, übers Wasser gehen, das kann nicht funktionieren". Deswegen habe ich den

Buchtitel auch mit einem Fragezeichen versehen, denn ich möchte gerne aufzeigen, dass Glauben nicht primär von der Überwindung naturgegebener Gesetze abhängt. Natürlich wird sich ein von Haus aus skeptisch veranlagter Mensch mit solch einer banalen Frage nicht lange beschäftigen und sie konsequent verneinen. Ein theoretischer Physiker wird vielleicht unter Einbeziehung von Raum- und Zeitverzerrung zum Ergebnis kommen, dass der Gang über das Wasser zumindest theoretisch möglich ein könnte, wenn …. Ein Philosoph wird vielleicht die ganze Geschichte so umdeuten, dass mit dem Wasser etwas anders gemeint sein könnte als H^2O, und für den Verfasser von Superman-Geschichten ist der Spaziergang übers Meer sowieso kein Problem.

Doch auch ein religiöser, gläubiger Mensch wird mit dieser Fragestellung seine liebe Mühe haben, will er doch einerseits alles, was die Wunder Jesu betreffen, nicht in Frage stellen, auf der anderen Seite aber auch nicht als Phantast gelten. Was also tun? Schauen wir uns zunächst den besagten Text aus dem Matthäusevangelium an:

Gleich darauf drängte er die Jünger, ins Boot zu steigen und an das andere Ufer vorauszufahren. Inzwischen wollte er die Leute nach Hause schicken. Nachdem er sie weggeschickt hatte, stieg er auf einen Berg, um für sich allein zu beten. Als es Abend wurde, war er allein dort. Das Boot aber war schon viele Stadien vom Land entfernt und wurde von den Wellen hin und her geworfen; denn sie hatten Gegenwind. In der vierten Nachtwache kam er zu ihnen; er ging auf dem See. Als ihn

*die Jünger über den See kommen sahen, erschraken sie, weil sie mein-
ten, es sei ein Gespenst, und sie schrien vor Angst. Doch sogleich sprach
Jesus zu ihnen und sagte: Habt Vertrauen, ich bin es; fürchtet euch
nicht! Petrus erwiderte ihm und sagte: Herr, wenn du es bist, so befiehl,
dass ich auf dem Wasser zu dir komme! Jesus sagte: Komm! Da stieg
Petrus aus dem Boot und kam über das Wasser zu Jesus. Als er aber
den heftigen Wind bemerkte, bekam er Angst. Und als er begann
unterzugehen, schrie er: Herr, rette mich! Jesus streckte sofort die Hand
aus, ergriff ihn und sagte zu ihm: Du Kleingläubiger, warum hast du
gezweifelt? Und als sie ins Boot gestiegen waren, legte sich der Wind.
Die Jünger im Boot aber fielen vor Jesus nieder und sagten: Wahrhaf-
tig, Gottes Sohn bist du. (Matthäus 14, 22-33)*

Simon Petrus wird in dieser Perikope geradezu als Muster-
beispiel für einen Skeptiker dargestellt. Nachdem er schnell
für das Abenteuer bereit ist, zu dem ihn Jesus einlädt, bekommt er es umgehend mit der Angst zu tun. Zwar stellt er
fest, dass es geklappt hat, doch die Skepsis erlangt schließlich die Oberhand. Im übertragenen Sinn können wir aus
dieser Abfolge die Botschaft mitnehmen, dass vertrauender
Glaube trägt, während Unglaube, Skepsis und Angst uns
versinken lassen oder zu verschlingen drohen. Einer meiner
Bekannten besuchte einen Schleuderkurs für Motorradfah-
rer. Er berichtete mir, wie schwer es allen Teilnehmern gefallen war, in einer regennassen Kurve eine Vollbremsung
hinzulegen, obwohl der Kursleiter das Prozedere mehrfach
erklärt und selber vorgeführt hatte.

Sind wir Menschen von Natur aus skeptisch? Wahrscheinlich ist es ein alter Instinkt aus der Urzeit oder von unseren Primatenvorfahren, der die ersten Menschen wachsam gegenüber drohenden Gefahren sein ließen. „Vorsicht ist die Mutter der Porzellankiste". Trifft das auch auf die Skepsis generell zu? Ein vorsichtiges Verhalten sichert auch heute noch unsere körperliche, materielle und finanzielle Sicherheit. Sie lässt uns Dinge und Handlungsweisen bereits im Vorfeld überdenken und eventuell neu justieren. Doch während die Vorsicht in ihrer Zielsetzung ergebnisoffen und nicht in eine Richtung festgesetzt ist, stellt die Skepsis eine eindeutig negative Grundbewertung dar, die erst durch einen teilweise mühsamen Überzeugungsprozess abgemildert oder überwunden werden kann. Petrus machte hier einen negativ gerichteten Gedankenprozess durch. Nach anfänglichem Enthusiasmus ging er den Gang über das Wasser mit Vorsicht an, die schließlich der großen Skepsis wich und zum Versinken in der Angst führte.

Glauben oder Angst?

Vielleicht wirkt diese Frage etwas befremdlich, denn was hat das eine mit dem anderen zu tun? Kann ich allein mit dem Glauben meine Angst besiegen? Und wenn ja, gilt das für alle Ängste? Ich möchte betonen, dass es bei dieser Fragestellung weder um die Vorsicht noch um die Skepsis geht, sondern ausschließlich um Ängste, die mich total in Beschlag nehmen und mein weiteres Denken und Handeln ganz oder teilweise lähmen. Ich schicke vorweg, dass ich mir ein Leben in völliger Angstlosigkeit gar nicht vorstellen kann, denn zu vielgestaltig sind meine Befürchtungen als normaler Mensch. Die Bandbreite reicht von kleinen Sorgen, etwas zu vergessen oder zu übersehen, z. B. den Hochzeitstag, einen Geburtstag oder einen anderen wichtigen Termin, über die Angst vor Arbeitslosigkeit und finanzieller Not, bis hin zu grundsätzlichen Befürchtungen wie dem Klimawandel, Kriegen und Naturkatastrophen. Auch die Angst vor Krankheiten und Unfällen kann mein Planen und Handeln sehr negativ beeinflussen und ein unbeschwertes Leben hemmen. „Angst essen Seele auf", hieß ein preisgekrönter Film von Rainer Werner Fassbinder aus dem Jahre 1974. Eine ältere Frau, die ein Liebesverhältnis mit einem sehr viel jüngeren Marokkaner unterhält, lebt in permanenter Furcht vor der Meinung der „Leute" und ganz besonders ihrer eigenen Kinder und Familie. Diese Angst zerstört langsam, aber sicher, die Beziehung zwischen den beiden Liebenden.

Angst und Glauben sind zwei völlig widersprüchliche Empfindungen, denn beide nehmen meine Seele und mein Herz für sich in Anspruch und möchten allein dominant in mir wirken. Gerade deshalb hat Jesus seine Freunde im Zusammenhang mit dem Glauben wieder und wieder mit den Worten „Fürchtet euch nicht" ermutigt und gestärkt. Um dem

Glauben Raum zu geben, muss ich zunächst die Angst aus dem Herzen verbannen und die Seele frei bekommen. Um die Angst zu überwinden, muss andererseits zunächst der Glaube in mir wachsen. Scheinbar befinde ich mich in einem Teufelskreis, aus dem zu entrinnen gar nicht so einfach ist. Die beiden gegensätzlichen Gefühle bzw. Einstellungen blockieren einander gegenseitig, und vordergründig bleibt die Angst dominant. Wie komme ich von diesem endlosen Karussell herunter? Es tröstet mich, dass Jesus selbst sich in einer ebenso kaum lösbaren Situation befunden hat:

Darauf kam Jesus mit ihnen zu einem Grundstück, das man Getsemani nennt, und sagte zu den Jüngern: Setzt euch hier, während ich dorthin gehe und bete! Und er nahm Petrus und die beiden Söhne des Zebedäus mit sich. Da ergriff ihn Traurigkeit und Angst und er sagte zu ihnen: Meine Seele ist zu Tode betrübt. Bleibt hier und wacht mit mir! Und er ging ein Stück weiter, warf sich auf sein Gesicht und betete: Mein Vater, wenn es möglich ist, gehe dieser Kelch an mir vorüber. Aber nicht wie ich will, sondern wie du willst. Und er ging zu den Jüngern zurück und fand sie schlafend. Da sagte er zu Petrus: Konntet ihr nicht einmal eine Stunde mit mir wachen? Wacht und betet, damit ihr nicht in Versuchung geratet! Der Geist ist willig, aber das Fleisch ist schwach. Wieder ging er weg, zum zweiten Mal, und betete: Mein Vater, wenn dieser Kelch an mir nicht vorübergehen kann, ohne dass ich ihn trinke, geschehe dein Wille. Als er zurückkam, fand er sie wieder schlafend, denn die Augen waren ihnen zugefallen. Und er ließ sie, ging wieder weg und betete zum dritten Mal mit den gleichen Wor-

ten. Danach kehrte er zu den Jüngern zurück und sagte zu ihnen: Schlaft ihr immer noch und ruht euch aus? Siehe, die Stunde ist gekommen und der Menschensohn wird in die Hände von Sündern ausgeliefert. Steht auf, wir wollen gehen! Siehe, der mich ausliefert, ist da. (Matthäus 26, 36-46)

Jesus wusste, welcher „bittere Kelch" auf ihn wartete, und er hatte große Angst davor. Er wusste, was eine Verurteilung zum Kreuzestod bedeutete, und wahrscheinlich hatte er in seinem Leben auch schon Kreuzesopfer mit eigenen Augen gesehen, denn diese scheußlichste aller römischen Strafen galt vielen Juden, Sklaven und Aufständischen. Jesu Todesangst war also voll und ganz begründet und verständlich. Und doch nahm er, wie viele andere Glaubenszeugen nach ihm, eher den Tod in Kauf, als von seinen Überzeugungen abzurücken. Jesus ließ sich in sein Schicksal fallen, indem er sich dem Willen Gottes unterwarf: „nicht mein, sondern dein Wille soll geschehen". Indem er sein Leben und Sterben Gott und dem höheren Ziel unterordnete, konnte er seine Angst immerhin soweit unter Kontrolle bekommen, dass er angesichts der heranrückenden Tempelwache nicht die Flucht ergriff, sondern ihr (todes)mutig entgegenging.

Heutige Angsttherapeuten und Coaches wissen sehr genau, dass Ängste, vor denen man flieht, niemals zu besiegen sein werden. Deswegen werden Flugängste oder Spinnenphobien in der Art therapiert, dass die Patienten Stück für Stück an die Angst auslösenden Subjekte oder Umstände herangeführt werden, diese Ängste aushalten lernen und sie so langsam überwinden können. Jesus konnte seine begründete Todesangst nur besiegen, indem er sich in die Hände eines vertrauten „Therapeuten", in diesem Falle Gott selbst begab, und durch den tiefen Glauben an die Rettung jenseits des Kreuzestodes dessen „therapeutischen Rat" (Willen) akzeptierte. Angesichts der drohenden Schmerzen dürfte ihm das jedoch bei allem Glauben alles andere als leicht gefallen sein. Im Gegensatz zu Petrus jedoch verzagte und versagte Jesus nicht an seiner Angst.

Glauben um des Glaubens willen

Die Apostel baten den Herrn: Stärke unseren Glauben! Der Herr erwiderte: Wenn ihr Glauben hättet wie ein Senfkorn, würdet ihr zu diesem Maulbeerbaum sagen: Entwurzle dich und verpflanz dich ins Meer! und er würde euch gehorchen. (Lukas 17, 5-6)

Was würde ich mit einer solchen Antwort wohl anfangen? Es würde mir schlagartig klar werden, dass mein Glaube, auf den ich mir vielleicht schon mein Leben lang etwas eingebildet habe, in Wirklichkeit viel kleiner und schwächer ist, als ich selbst gedacht hatte. Vielleicht würde ich die Frage resigniert zurückziehen, oder sogar die Nachfolge als Jünger Jesu beenden. Vielleicht aber würde genau dass Gegenteil mit mir geschehen, und es würde mir bewusst, dass mein Glaube und dessen Stärke nicht in erster Linie von mir abhängt, und dass ich meinen Glauben nicht aus mir selbst kreieren und beliebig verstärken kann. Und es gilt zu begreifen, dass der Glaube keinen Superhelden aus mir macht, der alles unter Kontrolle bekommt und jede Situation meistert. Der Glaube kann bewirken, dass ich mich wie Paulus „meiner Schwachheit rühme", auf dass die Kraft Gottes mir zu Hilfe komme. Jesus hat sich im Garten Gethsemani in den Willen Gottes und das Leiden des folgenden Tages ergeben und so seine Schwachheit in Stärke aus dem Gottesglauben heraus umgewandelt. Diese Stärke hat er bis zum letzten Atemzug bewahrt und der Aufforderung seiner Peiniger, vom Kreuz herabzusteigen, tapfer widerstanden. Glauben um des Glaubens willen kann somit als guter Weg aus der Angst heraus gelten. Damit meine ich eine tief vertrauende Haltung, die nicht die Abwendung meines Schicksals zum Ziel hat, sondern die Erfüllung und Bejahung meiner von Gott ersonnenen Lebensplanung, selbst wenn sie nicht mit meinen eigenen Vorstellungen und Wünschen übereinstimmt. Das unbedingte Ja zu Gott und seinem Willen, von dem ich annehme, dass er meinem unbedingten Heil dient, ermöglicht es dem Menschen, in die Eigendynamik des Glaubens einzutreten, wobei der Glaube letztendlich in sich immer stärker und zu einem Selbstläufer wird.

Ich möchte noch einmal zur Szene auf dem See Genezareth zurückkehren und das Scheitern des Petrus beim Gang über das Wasser analysieren. Dabei können wir vier wesentliche Schritte verfolgen:

1. Petrus möchte dem Beispiel Jesu gern folgen. Die Sehnsucht, dem Herrn ähnlich zu sein, ist ein Herzenswunsch eines jeden Gottgläubigen, vielleicht sogar jedes Menschen. Dabei machen wir uns wenig oder gar keine Gedanken um die Wege oder Umstände, über die dieses Ziel erreichbar sein könnte. Es ist der (kindliche) Wunsch, etwas haben oder können zu wollen, das mein Gegenüber ebenfalls hat oder kann.

2. Petrus fordert Jesus heraus, indem er seinen Herzenswunsch nicht direkt an Jesus heranträgt, sondern an dessen Willen appelliert, ihm den Gang über das Wasser zu befehlen. Scheut sich Petrus, Jesus direkt zu fragen? Fürchtet er die Ablehnung seines Wunsches? Und wieso hat er es nicht einfach versucht?

3. Jesus geht auf den Wunsch des Petrus ein und heißt ihn, ihm auf dem Wasser entgegenzugehen. Petrus hat ein eindeutiges Votum erhalten, und das Gelingen des Abenteuers hängt nicht länger von ihm ab. Er begibt sich in die Obhut und den Willen seines Meisters, als er schließlich aus dem Boot steigt und vom Wasser getragen wird. Sein Herz hat über seinen menschlichen Verstand gesiegt.

4. Obwohl sein Glaube ihn zu etwas an sich Unmöglichem befähigt hat, löst Petrus das Vertrauensverhältnis auf und addiert die Fakten Wind und Wellen zu

einer vom Verstand erfassten und dominanten Bedrohung. Schließlich erliegt der Rest seines Glaubens der Angst, und er beginnt im Wasser (und der Angst) zu versinken.

Hätte Jesus an einem einzigen Augenblick seiner schmerzlichen Passion das Vertrauensverhältnis zu seinem ewigen Vater gelöst oder auch nur gelockert, wäre er vom Kreuz herabgestiegen. Juden und Römer hätten ihn wahrscheinlich als Superhelden gefeiert, doch was wäre aus seinem innigen Verhältnis zu Gott geworden? Petrus musste sich nach seiner Rettung aus dem See als Kleingläubiger tadeln lassen. Verstoßen hat ihn Jesus nicht, sein Glaube aber musste noch viele weitere, sehr schmerzliche Lehrstunden verkraften. Simon musste erst langsam zum Felsen (Petrus) heranreifen, auf dessen Fundament die Kirche errichtet werden sollte.

WIE UNS DIE ALTEN SUNGEN

„Es ist ein Ros' entsprungen, aus einer Wurzel zart. Wie uns die Alten sungen, von Jesse kam die Art"[3]

Wo nehmen wir unseren Glauben her? Wird er uns bereits in die Wiege gelegt? Ist uns bereits vor unserer Geburt in diese Welt hinein eine Bibel „implantiert" worden? Oder bedarf es der Erziehung, der Unterweisung, des langsamen Lernens und Kennenlernens dessen, was wir als Glaube bezeichnen? Konnten wir als Kinder bereits am Glauben unserer Eltern und Großeltern partizipieren? Oder kamen wir erst in der Schule, als junge Erwachsene oder als reife Menschen mit Gott und seinem Wort in Kontakt? Egal in welcher Phase unseres Lebens wir erstmals mit Jesus in Berührung gekommen sind, es waren in irgendeiner Art und Weise andere Menschen an unserem Weg beteiligt. Doch wie ein Motor, der eine externe Starthilfe benötigt, irgendwann selber laufen muss, so soll auch der Glaube eines jeden Menschen am Ende der „Startphase" selbst zünden.

Glauben und Traditionen

Die Kirchliche Glaubenspraxis in allen Konfessionen und christlichen Gemeinden ist ein buntes Gemenge aus Bezü-

---

[3] kirchliches Weihnachtslied, Speyer und Köln, um 1599. Der Kontext bezieht sich auf Jesaja 11,1a

gen zur Heiligen Schrift, aus Traditionen und Gebräuchen, aus örtlicher Folklore und sonstigen Gewohnheiten. Viele dieser langsam gewachsenen Bräuche spiegeln auch nach hunderten von Generationen noch den ursprünglichen Kontext aus den Evangelien wieder, andere Traditionen erinnern nur noch sehr schwach an den religiösen Bezug, noch andere Sitten haben die Beziehung zum Christentum weitgehend oder vollständig verloren. Dann gibt es auch noch Feste, die zwar noch Bezug zu ihrem Ursprung haben, jedoch inzwischen mit „modernen" (Un)Sitten derart übertüncht wurden, dass kaum noch zwischen zwischen ihnen unterschieden werden kann. Ein trauriges Beispiel geben die beiden allerhöchsten, und von allen christlichen Gemeinschaften gefeierten Feste wieder, Weihnachten und Ostern. Ohne Zweifel versinkt Weihnachten immer mehr im Kaufrausch und im Geschenkewahnsinn. Immer früher kommen sogenannte „Weihnachtsartikel", die bei genauer Betrachtung kaum etwas mit dem eigentlichen Fest zu tun haben, in den Handel; mancherorts beginnt dieser überzogene Zirkus inzwischen bereits im September oder Oktober. Viele Parallelbräuche, wie z. B. der amerikanische Weihnachtsmannkult oder moderne X-Mas Partys lassen die Krippe Jesu mehr und mehr zu einer Randerscheinung werden, und in vielen Familien wird Weihnachten inzwischen ohne den eigentlichen Sinn „gefeiert". Nur wenig besser geht es dem Osterfest, das oftmals nur noch mit Hasen und bunten Eiern assoziiert wird. Und wer weiß denn noch, was es mit dem

Pfingstfest auf sich hat? Vom Fest Christi Himmelfahrt, das inzwischen mehr einem „Vatertagsbesäufnis" gleicht, ganz zu schweigen. Wer solche Exzesse für eine Erscheinung außerhalb der Kirche hält, möge sich bitte auch die Praxis in vielen Gemeinden einmal im Detail anschauen. Ohne jemandem etwas unterstellen zu wollen, fällt es mir dennoch auf, dass Fronleichnam und Erntedank bei vielen zu reinen Folkloredarbietungen degradiert worden sind, und dass Allerheiligen kaum noch mehr ist als das Gedenkfest der „Toten".

Die Traditionsüberzogenheit macht auch vor „normalen" gottesdienstlichen Feiern nicht halt, wie der seit Jahren schwelende Streit zwischen Traditionalisten und Reformern in der katholischen Kirche belegt. Dabei geht es nicht nur um die Frage, ob die Messfeier in der Landessprache oder in Latein gehalten wird, oder ob der Priester der Gemeinde das Gesicht oder den Rücken zuwendet, sondern oft um Kleinigkeiten und Nebensächlichkeiten. So wurde ich bereits selber schon wegen geringfügiger Abweichungen vom „normalen" Ritus heftig zurechtgewiesen und meinem früheren Pfarrer wegen einer fehlenden Kniebeuge sogar das Recht abgesprochen, sich Pfarrer nennen zu dürfen!

Traditionen können uns zum engen Korsett werden, vielleicht so eng, dass unser eigentlicher Glaube darunter keine Luft mehr zum Atmen findet. Diese Erfahrung hat bereits Jesus gemacht, wie das folgende Beispiel verdeutlicht:

Da kamen von Jerusalem Pharisäer und Schriftgelehrte zu Jesus und sagten: Warum übertreten deine Jünger die Überlieferung der Alten? Denn sie waschen sich nicht ihre Hände, wenn sie essen. Er entgegnete ihnen: Warum übertretet denn ihr Gottes Gebot um eurer Überlieferung willen? Gott hat doch gesagt: Ehre Vater und Mutter! und: Wer Vater oder Mutter schmäht, soll mit dem Tod bestraft werden. Ihr aber meint: Wer zu Vater oder Mutter sagt: Was ich dir schulde, sei eine Opfergabe!, der braucht seinen Vater oder seine Mutter nicht mehr zu ehren. Damit habt ihr Gottes Wort um eurer Überlieferung willen außer Kraft gesetzt. Ihr Heuchler! Treffend hat der Prophet Jesaja über euch gesagt: Dieses Volk ehrt mich mit den Lippen, sein Herz aber ist weit weg von mir. Vergeblich verehren sie mich; was sie lehren, sind Satzungen von Menschen. (Matthäus 15,1-9)

Ich möchte kein Plädoyer gegen Traditionen und Gebräuche halten, doch müssen wir uns als Christen im Klaren darüber sein, dass jegliches Brauchtum im Zusammenhang mit dem christlichen Glauben immer nur der Rahmen sein kann und darf, der die Botschaft Jesu umgibt und betont, dass der Rahmen aber in keinem Fall die Dominanz über das eingerahmte Bild erlangen darf. Jede Tradition, die den eigentlichen Glauben verändert, beeinträchtigt, stört oder überdeckt, hat keine Existenzberechtigung und muss unverzüglich aufgegeben werden. Wir tun gut daran, dort, wo es verschüttet ist, das Wesentliche unseres Christusbekenntnisses wieder freizulegen und in reiner Form in unserem Leben wirksam werden zu lassen.

Wo Traditionen jedoch den Glauben nicht stören, sondern ihn in seiner ursprünglichen Schönheit betonen und schmücken, dienen sie den gläubigen Herzen, und sind damit von Gott gegeben.

Das Feuer weitergeben

"Tradition ist die Weitergabe des Feuers und nicht die Anbetung der Asche.“ (angeblich Gustav Mahler)[4]

Denk an die Tage der Vergangenheit, lerne aus den Jahren der Geschichte! Frag deinen Vater, er wird es dir erzählen, frag die Alten, sie werden es dir sagen. (5 Mose 32,7)

Mit diesen beiden Zitaten bekommt die Tradition eine vollkommen andere Bedeutung als in den vorhergehenden Betrachtungen. Das fünfte Buch Mose *(Deuteronomium)* beschreibt die Glaubenswiedergabe von den Eltern und Großeltern an die Kinder, und von den Lehrern an ihre Schüler. Da der jüdische Glaube, die Tora und die mit ihr direkt verbundenen Lehren, erst zur Zeit der Könige David und Salomo schriftlich fixiert worden sein dürften, war deren authentische mündliche Weitergabe elementar, wollte man

---

[4] Es finden sich keine gesicherten Hinweise, dass dieses Zitat tatsächlich dem Komponisten Gustav Mahler zugeschrieben werden kann.

nicht vom Bund mit Jahwe abweichen. Die Traditionen dieser Zeit bestanden also darin, den Gottesglauben unverfälscht zu lehren und weiterzugeben. Das schloss nicht aus, dass über die Auslegung der Überlieferungen gesprochen, diskutiert, ja oftmals auch gestritten wurde. Trotzdem wurden die alten Erzählungen im Wesentlichen bewahrt und nicht verfälscht. Die Zeit des irdischen Lebens Jesu war bereits komplett anders geprägt. Eine elitäre Priestergemeinschaft, die Sadduzäer sowie die pharisäischen Gesetzeslehrer, prägten das religiöse Leben des jüdischen Volkes. Der Tempel in Jerusalem war zu einer absoluten Größe geworden, sowohl in gesetzesbestimmender als auch in wirtschaftlicher Hinsicht. Im Umfeld des Tempels ließ sich gut leben und Geld verdienen, wie es die Szene der Händleraustreibung durch Jesus bildhaft in Szene setzt. Die unzähligen Vorschriften und Gebote, die im Laufe der Jahrhunderte rund um die Tora zusammenkonstruiert worden waren, reichten bis in die privatesten Winkel des jüdischen Lebens hinein. Das „Gesetz", dessen praktische Umsetzung Jesus scharf kritisierte, war zu einer Belastung geworden, anstatt nach Gottes Willen den Menschen zu dienen. Aus der Tradition der Glaubensweitergabe war eine Praxis der Behinderung und Bevormundung geworden, die aber immer noch unter dem Oberbegriff Glauben und Religion verstanden wurde.

Die junge Kirche orientierte sich an der Praxis Jesu, der die Menschen, denen er begegnete, so annahm, wie sie waren, mit all ihren Fehlern und Schwächen. Eine Änderung einer unguten Lebensgewohnheit sollte in Liebe und mit Nachsicht erfolgen, die Barmherzigkeit das oberste Gebot sein. Doch bereits nach der konstantinischen Wende um 313, als das Christentum zur römischen Staatsreligion emporstieg und die Kirche aus dem Untergrund in eine Machtposition überging, wurde der Umgang mit den Gläubigen durch immer mehr Gesetze und Regeln bestimmt. Mit dem Aufstieg des Papsttums und der zeitweiligen Rivalität zwischen Kirchen- und Reichsführung verschärften sich die Repressalien für solche Christen, die nicht unterwürfig und regelkonform mit dem römischen und später auch dem oströmischen Klerus waren. Die dunklen Jahrhunderte des Mittelalters, die Zeit der Kreuzzüge und der Inquisition, die Zeit der Zwangsmissionierung in verschiedensten Teilen der Welt, die Kirchenspaltung im Zuge der Reformation sowie der erzwungene Absolutismus des römischen Bischofs ließen aus der barmherzigen eine oftmals gnadenlose und machtbesessene Kirche werden.

Zu Beginn der Zeit der Aufklärung im ausgehenden 18. Jahrhundert war die Angst vor dem Höllenfeuer noch stärker als der Trost der Frohen Botschaft Jesu. Strenge Bußpraktiken und kirchliche Gebote engten das Leben der Christen ähnlich stark ein wie einstmals das der Juden zur Zeit Jesu, und die meisten einfachen Leute konnten zwischen den eigentlichen Glaubensaussagen und vermeintlichen Traditionen, die doch meist übergestülpt waren, kaum mehr unterscheiden. Wie sollte also in einer Atmosphäre der Angst und erzwungenen Demut das Feuer des Evangeliums in Freude weitergegeben werden können? Die Missionierung unter dem Zeichen der Liebe und Barmherzigkeit war einer von Angst und Zwang geprägten religiösen Erziehung gewichen. Das Feuer war in vielen Fällen erloschen, und es wurde nur noch die Asche verehrt.

Aggiornamento[5]

Der römische Bischof Johannes XXIII. überraschte am 25. Januar 1959 die Öffentlichkeit und seine eigene Kurie mit dem Plan, ein weiteres Vatikanisches Konzil einzuberufen. Das erste Vatikanische Konzil (1869-70) hatte als wesentliche Beschlüsse den Jurisdiktionsprimat[6] des Papstes sowie das Dogma von der Unfehlbarkeit endgültiger päpstlicher Lehrentscheidungen gebracht. Damit hatte die Festzementierung des römischen Machtanspruches eine neue Eskalationsstufe erreicht, deren Folge nicht der Friede innerhalb der

---

[5] von (italienisch) giorno = der Tag, auf den Tag bringen, im Sinne von Anpassung an heutige Verhältnisse; eine durch Johannes XXIII. geprägte Bezeichnung für die Öffnung und Erneuerung der Kirche in die moderne Welt hinein.
[6] Der Papst übt als Nachfolger Petri, Stellvertreter Christi und oberstes Haupt der Kirche die volle ordentliche, unmittelbare bischöfliche Gewalt über die Gesamtkirche und über die einzelnen Bistümer aus. Diese erstreckt sich sowohl auf Sachen des Glaubens und der Sitten als auch auf die Disziplin und Kirchenleitung (Konstitution „De ecclesia Christi" vom 18.Juli 1870).

Katholiken war, sondern die Abspaltung der altkatholischen Kirche, die insbesondere das Dogma der päpstlichen Unfehlbarkeit strikt ablehnt. Das Konzil unter Papst Pius IX. hatte jeglichen Modernismus und jede Form der Liberalisierung strikt zurückgewiesen und die Türe zu Vertretern der modernen Aufklärung auf lange Sicht zugeschlagen.

Dieses Missverhältnis zwischen Kirche und Welt wollte Johannes XXIII. wieder entschärfen und die kirchlichen Fenster für einen neuen Wind öffnen. Das Zweite Vatikanische Konzil begann am 11. Oktober 1962 und weckte hohe Erwartungen sowohl bei den Konzilsteilnehmern als auch bei den Katholiken in aller Welt. Johannes XXIII. konnte leider das Ende des Konzils am 8. Dezember 1965 nicht mehr miterleben; er starb bereits am 3. Juni 1963. Dennoch brachte das Konzil einige wesentliche Neuerungen in Johannes' Sinn:

- Die Möglichkeit, die Liturgie in der jeweiligen Landessprache zu feiern

- Die Bejahung des Wahrheitsgehaltes anderer Religionen (wenngleich der einzig volle Wahrheitsgehalt des Christentums ausdrücklich betont wird)

- Öffnung zur Welt (Konstitution gaudeum et spes)

- Neuer, dialogorientierter Stil der Verkündigung

Wenngleich manche grundsätzlichen Kehrtwendungen, etwa die Abkehr vom päpstlichen Jurisdiktionsprimat oder der Unfehlbarkeit in Lehrentscheidungen ausblieben, so setzte das Konzil 1965 etliche Signale in Richtung Dialog unter allen Katholiken. Dass viele mutige Beschlüsse später aufgeweicht oder negativ umgedeutet wurden, lässt die Strahlkraft des jüngsten Konzils leider deutlich verblassen. Dennoch wurden zum ersten Mal seit vielen Jahrhunderten wieder zarte Signale hin zu einer barmherzigen Kirche gesendet. Die Frage, wie weitreichend die Ergebnisse unter Johannes XXIII. gegangen wären, muss leider unbeantwortet bleiben. Was oft vergessen wird, ist die Betonung der Unfehlbarkeit der Gesamtheit der Gläubigen, die mit Entscheidungen des Papstes – zumindest theoretisch – auf eine Stufe gestellt wird.

Der Wind weht, wo er will; du hörst sein Brausen, weißt aber nicht, woher er kommt und wohin er geht. So ist es mit jedem, der aus dem Geist geboren ist (Johannes 3,8)

Kann der Glaube eines Menschen kirchlichen Traditionen untergeordnet werden? Ist denn Glauben nicht das innigste Vertrauensverhältnis zu Gott? Hätten die Befolgung von noch so vielen jüdischen Geboten Petrus auf dem See über Wasser halten können? Und ist je ein Mensch allein durch strikte Beachtung der von Menschen gemachten Religionsvorschriften gerettet worden?

Oder aber wäre das blinde Vertrauen auf Jesus für Petrus der einzige Schlüssel zum Erfolg gewesen?

GLAUBEN UND LEBEN

Würde ich vor die Wahl gestellt, mich an einem Ofen zu wärmen mit dem Risiko, mir die Finger daran zu verbrennen, oder aber in der Kälte zu leben; ich würde ganz entschlossen die Wärme wählen.

Das ist eines meiner Lebensmottos, und ich bleibe ihm auch nach vielen negativen Erfahrungen und menschlichen Rückschlägen treu. Denn ohne Vertrauen kann und möchte ich mein Leben nicht leben wollen. Lieber verbrenne ich mir hin und wieder meine Finger, als nur auf Distanz und mit einer misstrauischen Haltung anderen zu begegnen. Das bedeutet nicht, dass ich leichtgläubig im Sinne von arglos oder leichtsinnig bin und mich meinem Gegenüber sofort allumfänglich öffne. Jedoch tendiere ich dazu, verhältnismäßig schnell Freundschaften zu schließen, vom Sie zum Du überzugehen und dem/der Anderen mit einer fröhlichen Offenheit zu begegnen. Dieser Vertrauensvorschuss meinerseits wurde zwar schon oft enttäuscht, und es war jedes Mal eine sehr schmerzliche Erfahrung für mich, doch ohne Vertrauen zu leben, das könnte ich nie und nimmer. Daher nehme ich lieber das Risiko auf mich, mir wie an einem wärmenden Ofen manchmal die Finger zu verbrennen, denn so bin ich eben.

Wie im Schneckenhaus

Kennen Sie Ebenezer Scrooge aus Charles Dickens „Eine Weihnachtsgeschichte"?[7] Der alte Mr. Scrooge ist der Inbegriff eines geizigen, selbstsüchtigen und misstrauischen Menschen. Seinen Angestellten schmäht er ständig, hilfsbedürftige Menschen bezeichnet er als faules Pack, das am besten in Gefängnissen und Armenhäusern weggesperrt gehört, und selbst das Weihnachtsfest hält er für Humbug und Geldverschwendung. Der alte Mann glaubt nichts, traut niemandem, und vereinsamt darüber immer mehr. Erst die Begegnung mit seinem verstorbenen Teilhaber Marley und drei weiteren Geistern bewegen ihn zum Nachdenken und zur Bereitschaft, sein Leben grundlegend zu ändern.

Wahrscheinlich ist es ein Akt der Selbstverteidigung, sich in ein geistiges Schneckenhaus zurückzuziehen und niemanden mehr an sich heranzulassen. Da mögen schlimme Erfahrungen mitgewirkt haben, traumatische Erlebnisse in der Kindheit, Enttäuschungen in der Begegnung mit anderen, eine enttäuschte Liebe, verletzte Gefühle, vielleicht Mobbing in der Schule oder am Arbeitsplatz. Das Misstrauen wird schließlich zur endlosen Spirale, aus der es schwer ist zu entkommen. Die Bemühungen, weitere Enttäuschungen unter allen Umständen zu vermeiden, führen schließlich zur

---

[7] Charles Dickens (1812-1870): Eine Weihnachtsgeschichte (Original: A Christmas Carol), Erstausgabe 1843

vollständigen Vereinsamung. Charles Dickens lässt die Leser seiner Weihnachtsgeschichte zwar im Unklaren, was seine Romanfigur Ebenezer Scrooge in seine Verbitterung getrieben hat, doch deutet die lange Kette mit schweren Gewichten, die der verstorbene Jacob Marley ihm zeigt an, um welche Altlasten es sich handeln könnte. Die Sorge um sein Vermögen und die Angst, auch nur ein klein wenig davon verlieren zu können, sind für Mr. Scrooge zum geistigen Gefängnis und zum Schneckenhaus geworden.

„Wenn ich einmal reich wär", singt der arme, aber zufriedene Milchmann Tevje im bekannten Broadway Musical Anatevka[8] In schier endlosen Aufzählungen besingt Tevje seine fiktiven Aktionen und Anschaffungen, wenn er nur das notwendige Geld dazu hätte. Doch Geld allein macht nicht glücklich, muss er schließlich erkennen; die wahren Schätze im Leben sind nicht aus Gold und Silber. Wäre dem so, dann dürfte es unter den Multimilliardären und gefeierten Stars auf dieser Welt keine unglücklichen Menschen geben. Doch ebenso wie bei Mr. Scrooge wächst mit dem Vermögen meist auch die Sorge um den Verlust desselben. Und so sind die Klatschblätter voll von privaten Enthüllungen, Skandalen und Skandälchen sogenannter „Promis", und die Verdiener daran sind oftmals nur die Verleger der einschlä-

---

[8] Anatevka, (Originaltitel: Fiddler of the Roof), Musical von Jerry Bock und Joseph Stein, nach dem Roman "Tevje der Milchmann" von Schalom Alejchem, Uraufführung 1964 in New York

gigen Boulevardmagazine. Schon „Hans im Glück"[9] kam am Schluss seiner Wanderung zur Erkenntnis, dass die Befreiung von der Last jeglichen Besitzes umso glücklicher machen kann.

Nun ist die Absicherung gegenüber Enttäuschungen an sich nicht verwerflich, und eine gesunde Vorsicht vor unerwarteten Ereignissen oder allzu „wohlgesinnten" Zeitgenossen bestimmt ratsam. Doch gilt es ein gewisses Gleichgewicht zwischen Vertrauen und Misstrauen zu bewahren, sollte das Bemühen nicht in einem Schneckenhaus à la Mr. Scrooge enden. Doch wie kann ich mir wirklich sicher sein, bei meinem Gegenüber auf die Art Verlässlichkeit zu treffen, die ich mir so sehr wünsche? Eine beliebte Übung bei teambildenden Schulungen ist das blinde Sich-Fallenlassen, um von den anderen Teammitgliedern aufgefangen zu werden. Dabei steht eine Person mit verbundenen Augen in der Mitte des Raumes, der Rest des Teams hinter ihm. Auf die Weisung des Kursleiters lässt sich die Person nach hinten fallen, direkt in die offenen Arme der anderen Akteure hinein. Wer das selbst einmal ausprobiert hat weiß, wie viel Überwindung dazu notwendig ist. Es bedarf schon einiger Versuche, um diese Übung schließlich angstfrei ausführen zu können.

---

[9] August Wernicke (1818), Brüder Grimm (1819)

Kommt alle zu mir, die ihr euch plagt und schwere Lasten zu tragen habt, ich will euch Ruhe verschaffen (Matthäus 11,28)

Nun können wir uns vielleicht fragen, ob Ruhm und Reichtum schwere Lasten darstellen, von der uns Jesus befreien müsste. Das Beispiel des Mr. Scrooge aus Dickens Weihnachtsgeschichte verdeutlicht, dass nicht Ruhm oder Reichtum die schwere Last darstellen, jedoch die damit verbundenen Sorgen um Besitzstandswahrung und das daraus erwachsende Misstrauen. Dann wäre es ja ein Leichtes, allen Besitz aufzugeben zugunsten eines einfachen, aber glücklichen Lebens? Vielleicht schon, doch den meisten Menschen würden angesichts der drohenden Existenzangst schon im Vorfeld mehr graue Haare wachsen, als sie sich vorstellen können. In der Geschichte gab es zwar viele besondere Beispiele, in denen der absolute Verzicht auch Sicherheit und Wohlstand zur wahren Seligkeit geführt hat. Ich nenne in diesem Zusammenhang besonders zwei Heilige, die ich gerne als meine Lehrer oder Mentoren bezeichne, Franziskus von Assisi (1181-1226) und Niklaus von Flüe (1504-1587). Beide lebten ursprünglich in reichen bzw. wohlgeordneten Verhältnissen, Franziskus als Sohn eines reichen italienischen Tuchhändlers, Niklaus als eidgenössischer Bauer, Richter und Ratsherr. Und beide gaben ihren Besitz und Wohlstand auf, um in Armut ein Leben in der Nachfolge Jesu Christi zu führen.

Doch obwohl ich Niklaus und Franziskus sehr schätze und verehre, wäre mir persönlich die Radikalität ihrer Abkehr aus der existenziellen Sicherheit zu gewagt. Und vielleicht liegt der Schlüssel zum Gelingen einer gesunden Lebenseinstellung auch irgendwo in der Mitte der beiden Extreme. So verurteilt Jesus den Besitz und die materielle Sicherheit nicht generell, wohl aber die Vereinnahmung des ganzen Menschen durch sie.

Loslassen

Ich finde Trapezakrobaten schlicht und einfach faszinierend. Hoch oben unter dem Dach über der Zirkusarena schwingt sich der Akrobat am Trapez solange hin und her, bis er die erforderliche Höhe für den nächsten Schritt erreicht hat. Dann lässt er die Stange los und wirbelt zwei bis drei Sekunden frei durch die Luft, um schließlich mit seinen Händen die Hände des sog. Fängers zu greifen, der an einem zweiten Trapez kopfüber ebenfalls hin- und herschwingt. Zwar vertrauen die meisten Akrobaten zusätzlich einem in zwei Meter Höhe über dem Boden der Arena gespannten Fangnetz, doch gibt es auch besonders Waghalsige, die zugunsten eines noch größeren Nervenkitzels auf diese Sicherheit verzichten. Was treibt Menschen dazu, ihre elementaren Absicherungen außer Acht zu lassen, aus dem Alltag auszubrechen, oder einfach nur loszulassen? Mir fällt dazu ein wunderbares Beispiel aus meiner Heimatgemeinde ein. Es ist schon über dreißig Jahre her, als ein Mann, wahrscheinlich nach reiflicher Überlegung, eine mehr als gute Stellung als Beamter im mittleren Staatsdienst aufgab, um künftig als Biobauer und Inhaber eines kleinen Bioladens zu leben. Ich erinnere mich noch heute an das Kopfschütteln, das Unverständnis, ja sogar den Spott gegenüber seiner Entscheidung. Von nicht wenigen Mitbürgern wurde er als Spinner und Phantast abgetan. Er ließ sich davon zu keinem Zeitpunkt von seinem Plan abbringen, baute seinen Biobauernhof auf, ersetzte den Traktor durch zwei kräftige Kaltblüter, und begann mit der Imkerei. Es ist nicht übertrieben, ihn als einen der glücklichsten und zufriedensten Menschen zu bezeichnen, die ich kenne. Heute, mehr als dreißig Jahre später, wird dieser Biobauer landauf landab als Experte für Bienenkrankheiten und deren Vermeidung geschätzt, und niemand würde ihn heute noch als Spinner, denn eher als mutiges Vorbild bezeichnen. Loslassen kann sehr befreien, besonders, wenn die Umstände, die uns eine materielle Sicherheit zu bieten scheinen, immer mehr einengen und uns den freien Atem rauben. Wie viele Berufskarrieren haben schon im Burnout, mit zerbrochenen Beziehungen oder sogar mit einem kompletten Zusammenbruch oder Suizid geendet?

Doch braucht es bei der Suche nach Befreiung immer einen Radikalschnitt – oder bringt auch ein Kompromiss uns der Lösung näher? Zunächst braucht es eine kritische Bestandsaufnahme der eigenen Lebenssituation. Was engt mich ein? Was vermisse ich? Wo liegen besondere Belastungen vor?

Was raubt mir den Schlaf oder lässt mich nicht mehr zur Ruhe kommen? Schließlich kann ich mir eine fiktive, alternative Lebensweise überlegen: Was würde ich gerne tun, wenn ich mehr Freiräume hätte? Welchen Traum würde ich mir gerne erfüllen? Mit wem würde ich gerne ein Gespräch führen? Welchen Ballast möchte ich zur Seite legen? Was halte ich heute noch für zwingend notwendig, obwohl ich genauso gut ohne auskommen könnte?

Zwangsläufig fällt mein Blick wieder auf den Ofen, der mich wärmen kann, freilich immer mit dem Risiko, mir daran die Finger zu verbrennen. Denn das Misstrauen scheint mir eines der schlimmsten Hindernisse auf dem Weg in ein befreites Leben zu sein. Das Misstrauen gegenüber meinen eigenen Fähigkeiten, aus dem dann immer mehr die Angst vor dem Versagen erwächst; das Misstrauen gegenüber alltäglichen Situationen, vor Berufsaufgaben oder der Angst vor Krankheiten, und schließlich das Misstrauen gegenüber anderen Menschen, die mich enttäuschen könnten. Dieses Misstrauen zu überwinden kann einen sehr großen Kraftakt voraussetzen. Bin ich bereit, das Risiko von Verletzungen und Enttäuschungen auf mich zu nehmen, um mich vor dem omnipräsenten Misstrauen zu befreien? Oder würde dieses Risiko wiederum neue Ängste in mir wecken, die ihrerseits wieder der ersehnten Befreiung im Wege stehen? Der Biobauer aus meinem Heimatort hat sich ganz bewusst von allen Ängsten freigemacht, weil er statt der Risiken seinen Gewinn an Lebensfreude vor Augen hatte. So und nur so konnte er loslassen und zu dem zufriedenen, glücklichen Menschen werden, als den wir alle ihn heute schätzen. Das Gegenteil von Misstrauen ist das Vertrauen. Und ein anderes Wort für Vertrauen ist Glauben. Um mein Herz und mein Leben öffnen und befreien zu können, ist Glauben und Vertrauen unabdingbar.

Dein Wille geschehe

Wieder ging er weg, zum zweiten Mal, und betete: Mein Vater, wenn dieser Kelch an mir nicht vorübergehen kann, ohne dass ich ihn trinke, geschehe dein Wille. (Matthäus 26,42)

Jesus weiß bei seinem Gebet im Garten Gethsemani ganz genau, welches Leiden ihn erwarten wird. Er kennt den Hass der sadduzäischen Priesteranführer auf ihn, und ebenso die grausame Brutalität der römischen Besatzer unter dem Prokurator Pontius Pilatus. Er weiß ebenso, dass ihn einer seiner engsten Freunde an die Hohenpriester verraten hat, dass ihn sein engster Begleiter verleumden wird und dass alle Freunde ihn im Stich lassen werden. Er hätte bestimmt allen Grund, aus dieser bedrohlichen Lage zu fliehen und in einem sicheren Versteck erst einmal abzuwarten. Doch Jesus ist sich sicher, dass es – sollte seine gesamte Mission nicht zu einer Farce werden – kein Zurück aus dieser Situation geben kann. Zu sehr hat er sein ganzes Leben in den Dienst des Gottesreiches gestellt, als dass er nun eine Kehrtwende machen möchte. Und so vertraut er in dieser entsetzlichen Todesangst sein weiteres Schicksal seinem himmlischen Vater an, er ergibt sich ganz in dessen Willen. Er handelt noch uneigennütziger als die Person im erwähnten Teamtraining, die sich mit verbundenen Augen nach hinten fallen lässt. Denn Jesus weiß genau, dass er erst einmal hart auf dem Boden aufschlagen wird; dass ihm das Kreuz nicht erspart werden kann, wenn er sich in seine messianische Mission fügt. Er weiß, dass er am kommenden Tag sterben wird. Vielleicht weiß er nicht, wie es nach seinem Tode für ihn weitergehen wird, aber er ersetzt dieses Wissen durch ein unendlich tiefes Vertrauen zu Gott, durch seinen Glauben, der schwerer wiegt als alles gesicherte Wissen. Wenn wir im Gebet Jesu heute immer wieder sprechen: *„Dein Wille geschehe"*, so können wir genau dieses Vertrauen, diesen Glauben zum Ausdruck bringen. Denn das Akzeptieren von Gottes Willen, das Höhersetzen der Absicht Gottes über unser eigenes Wollen ist, wenn es ehrlich gesprochen wird, nicht ein Kleinbeigeben vor dem Mächtigeren, nicht ein Resignieren vor Geschehnissen, an denen ich ohnehin nichts ändern kann, sondern die bewusste, gläubig-vertrauende Bitte um den Heilswillen Gottes, der allein den Weg zum Glück und zur Seligkeit kennt, selbst wenn dieser Weg zunächst durch Dornengestrüpp oder die Dunkelheit führt. Wenn ich meine dunkelsten Situationen und meine schlimmsten Tage, meine Schmerzen und Traurigkeiten vertrauensvoll in Gottes Hände legen darf; wenn ich sicher sein kann, dass mich, selbst wenn ich zu Boden fallen werde, trotzdem einer auffangen und trösten wird, bringt mich bereits der umfassenden Freiheit im Leben ein gewaltiges Stück näher. Wenn ich das Vertrauen, das ich Gott entgegenzubringen im Stande bin, zumindest teilweise auch auf andere Menschen ausdehnen kann, wird Glauben und wahres Leben mehr und mehr zu einer untrennbaren Einheit werden.

Glauben heißt nicht „nicht Wissen", denn Glauben übersteigt jegliches Wissen, wenn ich ihn zu einem elementaren Teil meines Lebens, Denkens und Handelns werden lasse. Glauben befreit und ermöglicht, vollkommen neue Wege zu gehen. „Wer glaubt, wird selig"; eine eher spöttisch gemeinte Redewendung, wird sich ins Positive verkehren, sofern wir sie wörtlich nehmen und danach handeln. Glauben bewahrt uns nicht vor Enttäuschungen, jedoch werden wir in einer gläubig-vertrauenden Grundhaltung leichter mit Enttäuschungen umgehen und sie in Gottes Willen einordnen können. Glauben ermöglicht uns, an Wunder zu glauben, und vielleicht sogar das eine oder andere Wunder zu vollbringen, indem wir zuversichtlich über uns selber hinauswachsen.

Nur eines könnte unseren Glauben zutiefst erschüttern, nämlich die zeitliche oder dauerhafte Trennung von Gott und seinem heilbringenden Willen. Deswegen ist es umso wichtiger, mit Gott in Kontakt, ja mit Gott im Gespräch zu bleiben. Nun ist es ja nicht gerade so, dass wir zum Telefon greifen können, um Gott anzurufen, oder ihm eine Mail im üblichen Sinne zukommen lassen. Das sollte uns aber nicht zur irrigen Ansicht bringen, dass Gott stumm und unerreichbar ist, oder dass ein Gespräch mit Gott nur ein Monolog unsererseits sein wird. Denn Gott geht niemals offline, und er ist für jedes seiner Kinder sieben Tage die Woche und vierundzwanzig Stunden am Tag erreichbar. Daran soll uns unser Glaube, unser Vertrauen, immer und immer wieder erinnern.

EINES WESENS

"...und an Jesus Christus, Gottes eingeborenen Sohn, aus dem Vater geboren vor aller Zeit: Gott von Gott, Licht vom Licht, wahrer Gott vom wahren Gott, gezeugt, nicht geschaffen, eines Wesens mit dem Vater, durch ihn ist alles geschaffen." [10]

Wie spricht Gott zu uns?

Wie einfach wäre es, wenn Gott direkt und hörbar zu uns spräche, so wie wir es im Allgemeinen bei Propheten und vielen Heiligen vermuten. Es würde vieles einfacher und eindeutiger machen, und wir bräuchten uns um die Interpretation und Auslegung von Gottes Wort und Willen keine Gedanken mehr zu machen. Und doch scheint es, als dass Gott es vorziehe zu schweigen. Keine Stimmen im Hinterkopf, kein gehörtes Wort, vielleicht oft nicht einmal eine Ahnung. Es scheint bei oberflächlicher Betrachtung, als sei es Gott weitgehend egal, ob wir ihn verstehen oder nicht. Bestenfalls können wir noch auf die Heilige Schrift verweisen, in der von Seiten Gottes alles gesagt ist, was zu sagen wäre. Inmitten eines Gebetes am 29. November 2019, während einer Fahrt auf der Autobahn, stellte ich Gott genau diese Frage und beklagte mich bei ihm über sein Schweigen. Den Gedankengang, der mich daraufhin fast zwanghaft be-

---

[10] Großes Glaubensbekenntnis, Konstantinopel 381

schäftigte, möchte ich im Nachhinein durchaus als Vision bezeichnen:

„Wenn ich bei einer an Gott gerichteten Frage eines Wesens mit IHM bin, dann darf ich die selbstgefundene Antwort auf diese Frage als die Antwort Gottes an mich erkennen".

Bedeutet das, dass ich mir in einer Art Selbstgespräch eine eigene Antwort gebe und diese Antwort als göttliche „Eingebung" verstehen kann? Im Prinzip schon, allerdings mit der Einschränkung oder Vorbedingung, in diesem Augenblick explizit „eines Wesens" mit Gott zu sein. Diese Bedingung erfordert wiederum eine kritische Auseinandersetzung mit dem Ziel meiner Frage. Bevor ich auf diesen Aspekt eingehe, möchte ich zunächst die Möglichkeiten von „göttlichen" Antworten aus meiner Sicht näher beschreiben. Prinzipiell sind zwei Arten der Antwort denkbar, nämlich inhärente[11] und zu verifizierende[12] Antworten. Prüfkriterium bei beiden Möglichkeiten ist immer die Übereinstimmung oder größtmögliche Nähe zur Liebe Gottes, die ich für die Betrachtung beider Varianten als absolut und unendliche Größe einsetze.

---

[11] Inhärenz: Merkmale, die einer Sache, Handlung oder Person untrennbar innewohnen und somit eine beständige Eigenschaft davon darstellen
[12] Verifizierung (auch Verifikation, von lat. veritas = Wahrheit) ist der Nachweis, dass ein vermuteter Sachverhalt wahr ist.

Inhärent sind gefundene Antworten nur dann, wenn sie absolut und ohne jeden Interpretationsspielraum mit der göttlichen Liebe übereinstimmen. Beispiele inhärenter Antworten sind das Doppelgebot aus Gottes- und Nächstenliebe und der Dekalog, d. h. die zehn Gebote, die das Doppelgebot der Liebe an praktischen Einzelfällen festmachen. Auch die meisten daraus direkt abzuleitenden Antworten, etwa der Auftrag zu weitgehendem Gewaltverzicht oder zum Schutz der Schöpfung dürfen wir durchaus als inhärent ansehen. Etwas schwieriger sind nicht inhärente Antworten. Dazu zählt etwa die Frage, ob Frieden unter Benutzung von gewaltsamen Aktionen erzwungen werden darf, oder ob ein Attentäter getötet werden darf, um damit hundert Unschuldige vor einem Anschlag zu bewahren. Aber auch manche Erziehungsmethode, die uns primär als der Liebe zuwider handelnd erscheint, ein Kind jedoch vor nachhaltigen Schäden oder Fehlentwicklungen zu schützen vermag, könnte möglicherweise dem Willen Gottes entsprechen. Wichtig ist dabei, so empfundene oder gefundene Antworten auf den göttlichen Willen und Ursprung hin zu verifizieren, d. h. auf den Willen Gottes hin zu überprüfen und in dieser Prüfung positiv zu bestätigen. Erst und nur dann kann das Ergebnis mit einer inhärenten Antwort verbunden oder ihr sogar gleichgestellt werden.

Wie ich bei meiner Idee oder Vision bereits ausgeführt habe, müssen wir uns im Dialog mit Gott zunächst immer versichern, dass wir „eines Wesens" mit IHM sind. Wenn ich diesen Begriff aus dem großen apostolischen Glaubensbekenntnis heranziehe, so ist er zunächst und ursprünglich speziell auf Jesus bezogen. Er ist der Sohn des Vaters, er hat Anteil an der Göttlichkeit Jahwes, er ist „gezeugt, nicht geschaffen". Ist es also nicht sehr anmaßend, auch einen gewöhnlichen Menschen als mit Gott im Status „eines Wesens" befindlich zu bezeichnen? Der erste Johannesbrief stellt uns die Gotteskindschaft vor Augen:

„Seht, welche Liebe uns der Vater geschenkt hat: Wir heißen Kinder Gottes und wir sind es." (1. Johannes 3,1).

Der Bezug zwischen Gott als Vater/Mutter und uns Menschen als seinen/ihren geliebten Kindern ist nicht nur theoretischer oder sinnbildlicher Natur, sondern er ist uns durch Gott, und unwiderruflich durch das Sterben und Auferstehen von Jesus, dem Christus, zugesprochen. Er ist der von Jahwe in inniger Liebe gezeugte Sohn, seinem göttlichen Vater im Wesen gleich, und zugleich ebenfalls wesentlich als Mensch einer von uns geworden. Er war und ist der lebendige Zeuge der göttlichen Liebe, die er sein irdisches Leben lang verkündet und gelebt hat, von der er nicht einmal abließ, als er einem Verbrecher gleich einen qualvollen Tod sterben musste. Nach seiner Auferstehung versicherte er seinen Freunden den bleibenden, ewigen Bund zwischen dem Schöpfer und seiner Schöpfung und hat nach seiner Himmelfahrt durch die Ausgießung des Heiligen Gottesgeistes in die menschlichen Herzen diese dauerhafte Beziehung ein für allemal manifestiert. Diese Gnadengabe Gottes war und ist bedingungslos, und es gibt keine Textstelle in der Heiligen Schrift, in der Gott droht, seinen Geist jemals wieder aus der Welt zurückzuziehen.

Gleichwohl besteht in einem Menschenherzen und einer Menschenseele permanent die Gefahr, den Gottesgeist zu übersehen, zu missachten oder ihn in bewusster Absicht zu verdrängen. Wir sind deswegen immer und überall der Versuchung ausgesetzt, aus dem Status des „Eines-Wesens"-Seins temporär oder dauerhaft herauszufallen. Deswegen lohnt es sich zunächst, das Wesen und Wesentliche des Gottesgeistes zu entdecken und zumindest ansatzweise begreifen zu lernen.

Sarayu – der gottesgeistliche Funke in uns

Ich habe mir, nachdem ich den weltbekannten Roman „Die Hütte" von William Paul Young[13] gelesen hatte angewöhnt, den „Heilgen Geist" mit dem Namen Sarayu = Wind anzusprechen, so wie ich auch Gott den Vater sehr gerne als Papa anrede. Sarayu ist in William Youngs Roman als junge Asiatin dargestellt, die mit sehr wenig Worten eine innere

---

[13] Die Hütte – Ein Wochenende mit Gott, William Paul Young, Windblown Media Inc., Deutsche Ausgabe: Ullstein Buchverlage GmbH, 22.Auflage 2018

Ruhe und eine übermenschliche Fürsorge, ja geradezu eine tiefe Zärtlichkeit ausstrahlt. Dabei nimmt sie sich immer dann zurück, wenn Jesus oder Papa mit der Hauptperson des Romans, Mack, reden oder agieren. Jedoch ist Sarayu niemals weg, und steht Mack in den traurigsten Augenblikken tröstend zur Seite. Das indische Wort für Wind – Sarayu – kann uns an die Szene aus dem Johannesevangelium erinnern, in der Jesus seine Jünger sanft angehaucht und ihnen so zärtlich berührend den Heiligen Geist geschenkt hat. Vielleicht aber fällt uns auch die Pfingstszene aus der Apostelgeschichte ein, in der der Heilige Geist mit dem Brausen eines heftigen Sturmes auf die Jerusalemer Gemeinde herabgekommen ist. Und dann werden in derselben Perikope auch die Feuerzungen beschrieben, die sich verteilten und sich auf die Jünger herablassen. Ob nun als Hauch, als Sturm oder als Feuerfunke; Gott hat seinen Heiligen Geist, seine(n) Sarayu, in unsere Menschlichkeit hinein implementiert und so sein ureigenstes Wesen in unsere Herzen gelegt. Es liegt an uns, diesem einzigartigen Geschenk Raum zu geben und Sarayu in uns wirken zu lassen.

So wie Jesus als menschliche Gestalt ist Sarayu als Geistwesen Träger/in der wesentlichsten Eigenschaft Gottes, der Liebe. Daher ist es vollkommen ausgeschlossen, eines Wesens mit Gott in einer der drei göttlichen Personen zu sein, ohne der selbstlosen Gottesliebe als einender Sprache allen Raum zu geben. Dort wo es mir gelingt, meine eigene Befindlichkeit, meine Egoismen und die nur mir allein dienenden Bedürfnisse vom Ich zum Du und Wir zu kanalisieren, kann Sarayu das Feuer der Liebe in meinem Herzen und meiner Seele entflammen, und mich für andere brennen lassen. Das ist die alleinige Bedingung, um „eines Wesens" mit Gott zu werden; nicht mehr – aber auch nicht weniger.

Validierung des Herzens

Ich habe Gott eine Frage gestellt, und die im Herzen gefundene Antwort darauf auf die Nähe zur Liebe Gottes untersucht. Dabei habe ich entweder Inhärenz festgestellt oder aber ein nicht inhärentes Ergebnis unter Hinzuziehung der Heiligen Schrift, in Meditation oder nach gründlicher Gewissenserforschung als göttliche Wahrheit verifiziert. Ich nehme also an, eine Antwort Gottes auf meine Frage erhalten zu haben. Wie gehe ich jetzt mit dieser Antwort um? Dabei geht es jetzt nicht mehr um die Frage, ob die Antwort falsch oder richtig ist, denn Gott kann sich niemals irren. Vielmehr ist es jetzt an mir, diese Antwort ohne jedes Wenn und Aber in mein weiters Denken und Handeln zu überführen. An dieser Stelle kann mir mein eigenes Wollen und Verlangen einen letzten Strich durch die Rechnung machen, erst recht, wenn die göttliche Antwort nicht meinen Vorstellungen entspricht oder mir ein unbequemes Handeln abverlangt. So laufe ich Gefahr, dem göttlichen Willen, den ich doch mit meiner Anfrage bei Gott erkennen wollte, zu missachten und durch meine eigenen Vorstellungen zu ersetzen. Wenn es mir ernst mit meiner Frage war, muss ich also an dieser Stelle unbedingt einen zusätzlichen „Schutzmechanismus" in meine weiteren Überlegungen und Handlungen einbauen.

Den Begriff Validierung[14] habe ich ebenso wie die Verifizierung aus einem Qualitätsermittlungsverfahren im Zusammenhang mit dem sicheren Bau und Inverkehrbringen von technischen Maschinen entlehnt. Mit der Validierung wird der gesamte Qualitätsprozess abgeschlossen und auf seine Wirksamkeit hin überprüft. Erst nach der erfolgreichen Validierung kann eine überprüfte Maschine als sicher gelten und in Betrieb gesetzt werden. Ebenso ist es mir wichtig, eine im Gebet mit Gott getroffene Entscheidung auf ihre Wirksamkeit und ihren Gehalt an göttlicher Liebe hin zu überprüfen. Erst danach kann ich ziemlich sicher ausschließen, den ganzen Dialog durch meine eigenen, subjektiven Vorstellungen und zu meinen Gunsten zurechtgebogen zu haben. Es genügt also nicht, die Antwort auf meine Frage an Gott zu verifizieren, sondern ich muss auch mein darauf hin folgendes Handeln nach denselben Qualitätsmerkmalen hin ermessen und gegenprüfen, und gegebenenfalls korrigieren. Experimentell könnte die Validierung dahingehend werden, wenn ich die geplante Handlung zunächst in Gedanken

---

[14] Validierung (von lat. validus = fest, wirksam): Ein Verfahren, bei dem die Tauglichkeit eines Produktes oder Prozesses experimentell gegengeprüft wird.

durchspiele und das zu erwartende Ergebnis bewerte, bevor ich zur realen Tat schreite.

Ich gebe zu, dass sich dieser gesamte Gedankengang sehr technisch anhört, und in der Tat sind einige Begriffe, die ich gewählt habe tatsächlichen technischen Prozessen entnommen. Der reelle Gedankenprozess wird sich jedoch wesentlich fließender und mit einer gewissen Eigendynamik vollziehen, sofern wir der göttlichen Sarayu die Führung dabei überlassen. Immer wieder stelle ich fest, dass auch im konkreten Fall die notwendigen Stellen der Heiligen Schrift präsent sind, ohne dass ich dafür in der Bibel blättern und suchen muss. Sehr wichtig dabei ist es, möglichst ergebnislos in den Frage-Antwort Prozess einzusteigen und mich vom Ergebnis auch ruhig einmal überraschen oder sogar widerlegen zu lassen.

Gott ist kein stummes Gegenüber, das schweigt und uns die kalte Schulter zeigt, sofern wir das Gespräch mit ihm vorbehaltlos zulassen und uns auf die kontemplative Begegnungsebene mit ihm einlassen. Er möchte uns auf eine geistige, liebevolle Begegnungsebene führen, die uns im innersten sehr gut tut und uns viele hilfreiche Antworten schenkt. Sarayu, der göttliche Funke und Atemhauch des Ewigen, wohnt tief in unserem Innersten, stets bereit, uns einen qualitativ vollkommenen Dialog mit Gott zu ermöglichen, wenn wir es nur zulassen. In diesem offenen Austausch mit unserem Schöpfer und Papa zeigt sich oftmals und wundervoll bereits ein kleines Wunder.

WELT DER WUNDER

Vielleicht fragen Sie sich an dieser Stelle dieses Buches, wieso noch kaum etwas von Wundern erwähnt worden ist. Vornehmlich war vom Glauben die Rede, denn auch Jesus selber machte seinen Zuhörern und Jüngern immer wieder den Zusammenhang zwischen Glauben und Wunderhandlungen begreiflich:

Wenn ihr Glauben hättet wie ein Senfkorn, würdet ihr zu diesem Maulbeerbaum sagen: Entwurzle dich und verpflanz dich ins Meer! und er würde euch gehorchen. (Lukas 17,6)

Wunder dürfen niemals als isoliertes Ereignis betrachtet werden, sondern stehen immer im Kontext zu einer Glaubensbelehrung, der Heraushebung von Gottes Heilswillen oder zum Ansporn eines Handelns nach Gottes Willen. Doch was sind denn eigentlich „Wunder"?

„Wer kann mir ein Beispiel für ein Wunder nennen?", fragt der alte Dorfpfarrer im Religionsunterricht seine Schützlinge. Klein-Eva meldet sich sofort: „Wenn bei uns daheim im Garten die bunten Blumen blühen, und die Äpfel und Birnen an den Bäumen reifen; das ist doch ein richtiges Wunder". Der Pfarrer nickt zustimmend: „Ja Eva, das ist ein Naturwunder. Aber wer kann mir ein richtiges Wunder nennen?" Darauf Jürgen: „Für mich ist es ein großes Wunder, dass bereits Menschen zum Mond geflogen sind". „Ja, ja", meint der Pfarrer, „das ist ein großes technisches Wunder. Aber weiß niemand ein echtes Wunder?" Schließlich meldet sich Fridolin: „Bei uns daheim ist am letzten

Samstag eines passiert, Herr Pfarrer". „Wirklich? welches denn?", will der Pfarrer wissen. Darauf Fridolin: „Wir hatten am Samstag Schlachttag, und wie wir am Abend gegessen haben, sagte mein Papa: Das ist doch grad mal ein echtes Wunder, dass der Herr Pfarrer noch nicht hier am Tisch sitzt".

Diese lustige Anekdote lässt uns vielleicht schmunzeln, zeigt aber auch auf, wie unterschiedlich der Begriff Wunder besetzt wird. Denn während die einen alltägliche Dinge wie das Erblühen der Natur oder einen bunten Regenboden schon als Wunder betrachten, zählen andere außergewöhnliche künstlerische oder schöpferische Leistungen dazu. Wolfgang Amadeus Mozart wurde bereits mit sechs Jahren als Wunderkind beschrieben, und der Überraschungssieg der Deutschen Nationalmannschaft bei der Weltmeisterschaft 1954 ging als Wunder von Bern in die Geschichte ein. Viele Menschen legen die Latte deutlich höher und verorten den Begriff Wunder ins Übersinnliche und Übernatürliche. Naturwissenschaftler tun sich berufsbedingt sehr schwer mit Wundern, und schöpfen zuvor sämtliche natürlichen Möglichleiten und Erklärungen aus. Auch die Kirchen machen es sich bei vermeintlichen Wundern nicht leicht, und anerkennen unerklärliche Phänomene erst nach zum Teil jahrelangen Prüfungen an.

Der Mensch, auch der Gläubige, ist und bleibt skeptisch. Was er nicht mit seinen körperlichen Sinnen erfassen und (be-)greifen kann, bleibt ihm erst einmal suspekt. Die Heilige Schrift spricht in beiden Testamenten von rätselhaften Vorkommnissen, die dem logischen Menschenverstand zuwiderlaufen, und die mit naturwissenschaftlichen Ansätzen nicht ohne weiters erklärbar sind. Wenn alle Deutungsversuche ausgeschöpft sind, und auch Halluzinationen und dergleichen als Erklärung ausscheiden, sprechen wir schließlich von Wundern. Doch was ist das Geheimnis solcher unerklärlichen Geschehnisse?

Das Handeln Gottes

Gott verlangt von manchen Menschen geradezu übermenschliche Kraftanstrengungen, während er ein anderes Mal durch sein göttliches, den menschlichen Verstand übersteigendes Handeln unmittelbar in die Geschichte eingreift. Zwei gute Beispiele sind die Sintfluterzählung (Genesis 6-9) sowie der Durchzug des Volkes Israel durch das Rote Meer bzw. das Schilfmeer (Exodus 14). Das Buch Genesis erzählt von Noach[15], einem gottesfürchtigen und gerechten Menschen, der von Gott den Auftrag erhält, seine Familie und alle Arten von Tieren vor einer großen Flutkatastrophe in Sicherheit zu bringen[16]. Zu diesem Zweck befiehlt ihm Gott, zusammen mit seinen drei Söhnen eine Arche aus Holz zu

---

[15] auch Noah oder Noe
[16] Die große Flut und die Errettung mithilfe eines Schiffes wird ebenfalls im babylonischen Gilgamesch-Epos beschrieben, entstanden ca. 1800-1600 v. Chr.

zimmern. Wenngleich die gewaltigen Maße dieses Schiffes eher Legende zu sein scheinen, so dürfte ein kleiner im Schiffsbau unerfahrener Familienverband von vielleicht sieben oder acht Männern und Frauen auch mit einem wesentlich kleineren Boot vor eine gewaltige Herausforderung gestellt worden sein.

Das zweite Beispiel beschreibt den Auszug der Israeliten aus der ägyptischen Sklaverei und die wundersame Errettung am Schilfmeer, die auch heute noch als die größte Tat JHWH's[17] an seinem auserwählten Volk gilt. Von den ägyptischen Verfolgern in die Enge getrieben, stehen die Israeliten mit dem Rücken zum Meer und erwarten den Angriff der Soldaten des Pharao. In letzter Minute stellt Gott eine leuchtende Feuersäule zwischen sein Volk und seine Bedränger, und lässt die Israeliten nach einer wundersamen Teilung der Wasserfluten mitten durch das Schilfmeer entkommen. Mehr noch: Die verblendeten Ägypter setzen den Geflohenen nach, und werden durch die zurückströmenden Wassermassen ertränkt.

Zweimal hat Gott helfend eingegriffen, und doch waren die Wege zur Rettung sehr verschieden. Noach wäre ohne Gottes Ankündigung ebenso wie seine Zeitgenossen von der

---

[17] **JHWH,** hebräisch יהוה für **Jahwe** (auch Jahweh, Yahweh oder Jehowa) ist der unvokalisierte Eigenname des Gottes Israel. Er wird auch mit dem Titel **Elohim** („Götter", Plural Majestatis für Gott) oder, um die Aussprache seines Namens JHWH zu vermeiden, als **Adonai** (mein Herr) bezeichnet.

plötzlichen Flutkatastrophe überrascht und verloren gewesen. Und doch hat er zu seiner Rettung eine gewaltige Aufgabe zu vollbringen, die ihn sicherlich an die Grenzen seiner Kraft bringt. Gott behält stets die Fäden in der Hand, er unterweist den Noach in der Kunst des Schiffsbaus, führt ihm die zu rettenden Lebewesen zu und hält vielleicht auch die Meute der ums Überleben kämpfenden Zeitgenossen von der Erstürmung der vollbesetzten Arche ab. Die Erzählung endet damit, dass Gott dem Noach ein Hoffnungszeichen sendet; eine Taube mit einem Ölzweig im Schnabel; auch heute noch das Zeichen des Friedens. Nach der großen Flut beginnen die Menschen von vorne, sie vermehren sich und bevölkern erneut die verwaiste Erde. Gott hat dem Noach Hilfe zur Selbsthilfe gewährt. Auch ohne seine direkte Mithilfe beim Bau der Arche konnte das enorme Werk gelingen. Moses hingegen musste sein Volk nicht auf Boote oder Flösse über das Schilfmeer verfrachten; Gottes Eingreifen in dieser Gefahr war direkt und unmittelbar. Doch ist die Errettung des Noach und der Geschöpfe an Bord der Arche deswegen weniger „wundervoll"? Wieso wählt Gott so unterschiedliche Wege?

Jedes je in der Heiligen Schrift beschriebene Wunder Gottes hat immer wenigstens zwei Ziele. Zum ersten steht eine konkrete Hilfeleistung oder Errettung von Menschen oder Menschengruppen an, zum zweiten geht es stets auch um die Glaubensunterweisung und Glaubensstärkung der Empfänger der Wundertaten. Die Errettung der Israeliten am Schilfmeer wurde das prägende Ereignis mit JHWH und das herausragendste Beispiel für seine Zuwendung zu seinem auserwählten Volk. An anderer Stelle setzte JHWH auch deutliche Zeichen seiner Überlegenheit gegenüber anderen „Göttern". Der Prophet Elija rief auf dem Berg Karmel die Priester des kanaanitischen Gottes Baal zu einem „Wettstreit" heraus, bei dem sowohl Baal als auch dem Herrn JHWH jeweils ein Brandopfer bereitet werden sollte, ohne dieses aber zu entzünden. Während die Baalpriester sich vergeblich mühten, schickte JHWH Feuer vom Himmel, das das Opfertier mitsamt dem Steinaltar und einem mit Wasser gefüllten Graben ringsum verzehrte *(1 Könige 18, 20-40)*. Auch gegen die Philister setzte JHWH ein solches Zeichen. Nachdem sie in einer Schlacht gegen die Israeliten die Bundeslade[18] Gottes erbeutet und in den Tempel ihres Gottes Dagon gestellt hatten, fanden sie am Morgen das Götzenbild niedergestürzt und zertrümmert vor JHWH's Lade *(1 Samuel 5, 1-5)*. Bereits gegen Ägypten hatte Mose die Macht und Überlegenheit des Gottes Israels verkündet und die

---

[18] Tragbares Heiligtum der Israeliten während der vierzigjährigen Wüstenwanderung. Die Lade galt als Zeichen der Anwesenheit Gottes und enthielt nach dem Buch Exodus die beiden Steintafeln mit den zehn Geboten, die Moses auf dem Berg Horeb von JHWH erhalten hatte. Sie wurde später in den salomonischen Tempel übertragen und gilt spätestens seit der Zerstörung des Tempel durch Nebukadnezar 587 v. Chr. als verschollen.

Machtlosigkeit der ägyptischen Gottheiten gegen die zehn biblischen Plagen angekündigt *(Exodus 7, 1-5)*. Zur Eroberung der Stadt Jericho nach dem Durchzug Israels durch den Jordanfluss verlangt Gott aber wieder das Handeln seines Volkes. Sieben Tage lang umrundeten die Israeliten mit der heiligen Lade an der Spitze die gut befestigte Stadt. Bei der letzten Umrundung stürzten unter dem Kriegsgeschrei schließlich die feindlichen Mauern ein und gaben die Stadt den israelitischen Angreifern preis *(Josua 6, 1-26)*.

Das Volk Israel lernte seinen Gott als den mächtig Handelnden kennen, der die Feinde überwältigte oder vernichtete und seinem auserwählten Volk immer wieder auf wundersame Weise Rettung verschaffte. Auf der anderen Seite konnte sich Gottes Zorn auch gegen sein Volk wenden, wenn es die Treue zum Bund mit JHWH immer wieder brach. An diesem „Zuckerbrot-und-Peitsche"-Prinzip wuchs der Glaube und die Bindung Gottes mit Israel immer mehr, und das jüdische Volk steht in der längsten ununterbrochenen Glaubenstradition der Weltgeschichte von mindestens dreieinhalb- bis viertausend Jahren.

Und dennoch stellen die Wundertaten JHWH's nur einen kleinen Teil der Erzählungen des ersten oder Alten Testamentes dar. Der wesentlich größere Teil der Texte beinhaltet Lobgesänge und Psalmen, Worte Gottes aus dem Mund vieler Propheten oder die Geschichte der israelitischen Könige. Auch dem Tempelkult von Shilo[19] oder Jerusalem kommt eine große Würdigung in den heiligen Schriften zu. Schließlich werden auch Erlebnisse und Schicksale einzelner Menschen erzählt. Dennoch faszinierten und faszinieren bis heute vor allem die übernatürlichen Wundergeschichten. Die Sehnsucht nach dem Übernatürlichen und Göttlichen erfüllte die Herzen vieler Menschen aller Kulturen und Religionen; sie stellt ein Urverlangen nach Heilung, Rettung und Erfüllung dar.

JHWH's Wundertaten an seinem auserwählten Volk sollten neben der konkreten Hilfeleistung auch den Glauben und das Vertrauen in Gott stärken und durch die Weitergabe dieser „Highlights" die Glaubensüberlieferungen insgesamt stärken und verherrlichen. Denn in den meisten Menschen wohnt eine Faszination für das Übernatürliche und Unerklärliche. Das zeigt sich schon in einfachen alltäglichen Glücksbringern, wie einem vierblätterigen Kleeblatt, einem Hufeisen oder einem sonstigen kleinen Talisman[20]. Viele Menschen vertrauen dem Lauf der Sterne und suchen in Horoskopen oder beim Legen von Karten nach Antworten für ihre Zukunft. Das Wirken von Zauberern und Hexen in Märchen oder der berühmten Geschichten um Harry Potter

---

[19] auch Silo, biblischer Ort bei Bet El im Westjordanland. Hier stand in der vorköniglichen Zeit (bis ca. 1050 v. Chr.) die Stiftshütte, ein zeltartiges Heiligtum mit der Bundeslade.
[20] von (arab.) tillasm = Zauberbild, auch Amulett oder Maskottchen

lässt nicht nur in Kinderherzen die Sehnsucht nach dem Übersinnlichen erwachen. Wie enttäuschend kann es dann sein, wenn sich die geheimnisvolle Magie als banale, einfach zu erklärende Show entpuppt.

Unser kindlicher Glaube macht sich nicht selten gerade an den Berichten über Wunder, Engel und gute Geister fest. Dabei spielt auch das tiefe kindliche Vertrauen eine große Rolle. Ein kleines Kind kann sich auf dem Arm der Mama oder des Papas noch so wehren und winden; es käme nie auf die Idee, dass es vom Elternteil einfach fallen gelassen würde. Viel zu tief ist sein Vertrauen, viel zu groß sein Glaube an die Eltern oder sonstige Bezugspersonen. Ein Kind kennt keinen Zweifel an Engeln oder sonstigen guten Geistern, aber auch Teufel und Dämonen werden für real gehalten. Kindlicher Glaube hat keine Einwände gegenüber Wundern; deren Möglichkeit gilt Kindern als real und auch glaubhaft.

„Lieber Gott, lass bitte Paris die Hauptstadt von England sein, sonst bekomme ich wieder eine Fünf in Erdkunde."

Diese kleine witzige Anekdote bejaht in der kindlichen Fantasie durchaus die Möglichkeit, dass Gott auf außergewöhnliche Art und Weise in feststehende Regeln und Realitäten eingreifen kann und vielleicht auf die Bitte hin auch eingreifen wird. Wenn wir als erwachsene Menschen auch nach und nach den kindlich-naiven Glauben ablegen, so bleibt doch die Sehnsucht nach Wundern und unerwartetem

Glück, und sei es nur in Form der Hoffnung auf einen Lottogewinn oder großem beruflichem Erfolg.

Lesen zwischen den Zeilen

Ich möchte noch einmal meine Überzeugung darlegen, dass kein einziges in der Bibel berichtete Wunder jemals als Selbstläufer oder „Just for fun" geschehen ist. Immer war und ist eine höhere Absicht Gottes damit verbunden, die sich manchmal erst auf den zweiten oder dritten Blick offenbart. Deswegen lohnt es sich, bei den Wundererzählungen sorgfältig zwischen den Zeilen zu lesen und so den tieferen Sinn der jeweiligen Handlung zu ergründen. Wir haben bereits einige Wundertaten JHWH's im Alten oder ersten Testament betrachtet, und die Glaubensunterweisung des israelitischen Volkes durch Gott darin entdeckt. Deswegen soll unser Augenmerk nun verstärkt dem Neuen Testament gelten.

Von Jesus sind in den vier Evangelien insgesamt 35 Wundertaten überliefert, davon zwei Rettungswunder, neun Dämonenaustreibungen, 16 Heilungswunder, zwei Totenerweckungen sowie sechs Speise- bzw. Geschenkwunder. Dazu kommen noch einige Legenden in den Apokryphen[21] und in außerkanonischen Texten. Im Zentrum aller dieser Wun-

---

[21] religiöse Schriften, die nicht in einen biblischen Kanon aufgenommen worden sind.

dererzählungen steht die konkrete, unmittelbare Zuwendung zu einzelnen Menschen oder Menschengruppen.

Hierzu möchte ich gerne einige Beispiele anführen:

Die Speisung der Fünftausend

Als Jesus das hörte, zog er sich allein von dort mit dem Boot in eine einsame Gegend zurück. Aber die Volksscharen hörten davon und folgten ihm zu Fuß aus den Städten nach. Als er ausstieg, sah er die vielen Menschen und hatte Mitleid mit ihnen und heilte ihre Kranken. Als es Abend wurde, kamen die Jünger zu ihm und sagten: Der Ort ist abgelegen und es ist schon spät geworden. Schick die Leute weg, damit sie in die Dörfer gehen und sich etwas zu essen kaufen! Jesus aber antwortete: Sie brauchen nicht wegzugehen. Gebt ihr ihnen zu essen! Sie sagten zu ihm: Wir haben nur fünf Brote und zwei Fische hier. Er antwortete: Bringt sie mir her! Dann ordnete er an, die Leute sollten sich ins Gras setzen. Und er nahm die fünf Brote und die zwei Fische, blickte zum Himmel auf, sprach den Lobpreis, brach die Brote und gab sie den Jüngern; die Jünger aber gaben sie den Leuten und alle aßen und wurden satt. Und sie sammelten die übrig gebliebenen Brotstücke ein, zwölf Körbe voll. Es waren etwa fünftausend Männer, die gegessen hatten, dazu noch Frauen und Kinder. (Matthäus 14, 13-21)

Es ist eine verlockende Idee, jemanden bei sich zu haben, der auf wundersame Art und Weise aus wenigen Lebensmitteln mehr als fünftausend Menschen satt bekommt. Matthäus berichtet von einem der bekanntesten Wundertaten Jesu. Doch wenn wir jetzt bei dieser bequemen Art, den Bauch voll zu bekommen verweilen, haben wir den Kern dieser Stelle des Evangeliums nicht verstanden. Es wäre gewiss keine große Sache gewesen, die Leute in die Dörfer und Gehöfte der Umgebung zu entlassen, um sich dort etwas zu Essen zu kaufen. Diese Wundertat bedient keine Notlage, denn auch ohne Jesu Handeln wäre niemand verhungert. Im Zentrum der Erzählung steht für mich die Aufforderung Jesu „Gebt ihr ihnen zu essen!" und die Bereitschaft der Jünger, die fünf Brote und zwei Fische, die sie für sich selber mitgebracht hatten, herzugeben. Jesus macht in seinem Wunderhandeln klar, dass nur das selbstlose Teilen des eigenen Brotes die Möglichkeit schafft, den Hunger vieler zu lindern. Die beiden großen deutschen, christlichen Hilfswerke „Caritas" auf katholischer, und „Brot für die Welt" auf evangelischer Seite tragen diesen Gedanken bis heute im Sinne Jesu in die Welt. Wer würde angesichts des weltweiten Engagements vieler Hilfswerke nicht gerne von einem Wunder sprechen?

In meiner Heimatpfarrei sammeln wir unter dem Motto „Gebt ihr ihnen zu essen" jedes Jahr am Erntedankfest Lebensmittel für die beiden regionalen Tafelläden, und die anhaltende Spendenfreudigkeit zugunsten der bedürftigen

Menschen lässt mich Jahr für Jahr erneut an ein großes Wunder glauben.

Der Sturm auf dem See

Er stieg in das Boot und seine Jünger folgten ihm nach. Und siehe, es erhob sich auf dem See ein gewaltiger Sturm, sodass das Boot von den Wellen überflutet wurde. Jesus aber schlief. Da traten die Jünger zu ihm und weckten ihn; sie riefen: Herr, rette uns, wir gehen zugrunde! Er sagte zu ihnen: Warum habt ihr solche Angst, ihr Kleingläubigen? Dann stand er auf, drohte den Winden und dem See und es trat völlige Stille ein. Die Menschen aber staunten und sagten: Was für einer ist dieser, dass ihm sogar die Winde und der See gehorchen? (Matthäus 8, 23-27)

Ich ziehe diese Stelle aus dem Matthäusevangelium gerne für Traugottesdienste heran. Was als großes Wunder gegenüber Naturgewalten erscheint, dient in Wirklichkeit der Glaubensstärkung. Die Menschen im Boot – wahrscheinlich Fischer um Simon Petrus – werden auf dem See Genezareth von einem der auch heute noch auftretenden plötzlichen Fallwinde überrascht und geraten in Seenot. „Warum habt ihr solche Angst, ihr Kleingläubigen", tadelt Jesus seine Gefährten, bevor er sich dem Sturm entgegenstellt. Wie bei der Speisung der Fünftausend appelliert Jesus an die eigenen Fähigkeiten, sich Krisen entgegenzustellen. Ich ermutige meine Brautpaare mit diesem Beispiel, miteinander am selben Strang zu ziehen und gemeinsam das Segel in einen günstigen Winkel zu drehen, um Stürmen im Leben zu trotzen. Wie in dem Boot auf dem See wird das am besten als eingespieltes Team gelingen, und es lohnt sich, bereits in Hoch-Zeiten für diese Tief-Zeiten zu üben. Nehmen wir uns ein Beispiel an den Mitgliedern der Feuerwehren und der Seenotrettung, die das eingeübte Zusammenspiel im Ernstfall abrufen und umsetzen können. Eine gemeinsam gemeisterte ernste Situation kommt uns doch auch selbst oft wie ein kleiner Wunder vor, und das ist gewiss auch Jesu Absicht und Botschaft.

Heilungen in Kafarnaum

Jesus ging hinab nach Kafarnaum, einer Stadt in Galiläa, und lehrte die Menschen am Sabbat. Sie waren außer sich vor Staunen über seine Lehre, denn er redete mit Vollmacht. In der Synagoge war ein Mensch, der von einem Dämon, einem unreinen Geist, besessen war. Der schrie mit lauter Stimme: He, du, was haben wir mit dir zu tun, Jesus von Nazaret? Bist du gekommen, um uns ins Verderben zu stürzen? Ich weiß, wer du bist: der Heilige Gottes! Da drohte ihm Jesus: Schweig und verlass ihn! Der Dämon warf den Mann in ihre Mitte und verließ ihn, ohne ihm zu schaden. Da waren alle erschrocken und einer fragte den andern: Was ist das für ein Wort? Mit Vollmacht und Kraft befiehlt er den unreinen Geistern, und sie fliehen. Und sein Ruf verbreitete sich in der ganzen Gegend. Jesus stand auf, verließ die Synagoge und ging in das Haus des Simon. Die Schwiegermutter des Simon aber hatte hohes Fieber und sie baten ihn für sie. Er beugte sich über sie und gebot dem Fieber. Da wich es von ihr und sie stand sofort auf und diente ihnen. Als die Sonne unterging, brachten die Leute ihre Kranken, die alle möglichen Gebrechen hatten, zu Jesus. Er legte jedem von ihnen die Hände auf und heilte sie. Von vielen fuhren auch Dämonen aus und schrien: Du bist der Sohn Gottes! Da drohte er ihnen und ließ sie nicht reden; denn sie wussten, dass er der Christus war. (Lukas 4, 31-41)

Der Evangelist Lukas, der Überlieferung nach Arzt, berichtet über zahlreiche Heilungswunder Jesu, darunter Befreiung von physischen Leiden wie auch von psychischen Krankheiten, die zur Zeit Jesu meist als Besessenheit durch böse Geister und Dämonen verstanden wurden. Die wichtigste Geste Jesu war dabei oftmals die Handauflegung, und sie ist im wahrsten Sinne des Wortes berührend. Viel zu oft galten und gelten besessene oder aussätzige Menschen als „unberührbar", was in erster Linie mit der drohenden Ansteckungsgefahr verbunden war. Zum anderen aber wurden die strengen halachischen[22] Vorschriften im Judentum auch im Sinne einer kultischen Reinheit gedeutet, die unter allen Umständen gewahrt werden musste, um nicht vom Synagogen- oder Tempelgottesdienst ausgeschlossen zu werden. Das

---

[22] Halacha, der rechtliche Teil der aus der Tora abgeleiteten Auslegungen. Die Halacha umfasst 613 Mizwot (Gebote), die sämtliche Teile des Lebens eines jeden gläubigen Juden regeln.

führte zu einer rigorosen Absonderung von bestimmten Kranken, aber darüber hinaus auch zur temporären Ausgrenzung bestimmter Personen, z. B. Frauen während der Menstruation.

Jesus durchbricht diesen Teufelskreis sehr bewusst, und nimmt dabei auch die Kritik der religiösen Führer in Kauf, besonders bei Heilungen während des Sabbats. Wenn ein in seiner Not alleingelassener Mensch plötzlich Verständnis und liebevolle Zuwendung erfährt, dann hat allein dieses menschliche Miteinander etwas Wunderbares an sich. Vielleicht besteht das Wunder viel weniger in der unerwarteten Heilung, sondern weit mehr in der Fürsorge, dem Trost und dem Verständnis. Jesus hat uns als seinen Jüngerinnen und Jüngern aufgetragen, Kranke zu heilen, unabhängig ob wir medizinische Kenntnisse haben oder nicht. Denn Heilung geschieht sehr oft primär über die Seele, über eine positive Lebenseinstellung und die innere Bereitschaft, gegen die Krankheit zu kämpfen. Werden wir dabei allein und im Stich gelassen, schwindet unsere Zuversicht und damit schwinden auch unsere Selbstheilungskräfte.

Das darf und kann natürlich nicht bedeuten, dass wir allein mit Nächstenliebe und caritativer Hilfe alle Krankheiten besiegen können. Und dennoch können wir sehr wohl dazu beitragen, dass zu den körperlichen Schmerzen nicht auch noch die seelischen Wunden bluten müssen. Ob wir den Erfolg eines solchen Handelns bereits als Wunder deuten möchten, bleibt jedem selbst überlassen. Ich denke aber bei jedem dankbaren Lächeln eines besuchten kranken Menschen an die innige Freude all der Menschen, die damals von Jesus geheilt worden sind.

Andere hat er gerettet

„Der Schuster trägt die schlechtesten Schuhe", verdeutlicht ein altes Sprichwort den Zusammenhang zwischen Fremd- und Eigenhilfe. Ich kann mir gut vorstellen, wie schwierig es für die ersten Jünger und Missionare war, den Menschen den Zusammenhang zwischen Jesu Wundertaten einerseits und seiner Hilflosigkeit am Kreuz begreiflich zu machen.

Das Volk stand dabei (bei der Kreuzigung, Anmerkung des Autors) und schaute zu; auch die führenden Männer verlachten ihn und sagten: Andere hat er gerettet, nun soll er sich selbst retten, wenn er der Christus Gottes ist, der Erwählte. (Lukas 23, 35)

Wieso „versagen" die Wunderkräfte Jesu ausgerechnet im Augenblick seiner bittersten Stunde, die von Demütigungen und entsetzlichem Leid geprägt sind? Wieso rettet er sich selbst und die beiden mit ihm zum Tode verurteilten Männer nicht aus der Gewalt der römischen Legionäre? Wieso lässt er sogar mit dem Verweis auf sein Vermögen, anderen helfen zu können, derart schamlos über sich spotten, ohne den endgültigen Beweis seiner messianischen Sendung vor den Augen der Volksmenge zu erbringen?

Jesus entzieht sich nach der Speisung der Fünftausend der Menschenmenge, da er fürchtet, sie könnten ihn aufgrund des Brotwunders zum König machen (Joh 6, 14-15). Er nutzt bewusst kein übernatürliches Zeichen, um sich selbst zu erhöhen und in Szene zu setzen. Dieser Überzeugung bleibt er bis zum Tod am Kreuz treu. Die Entdeckung des leeren Grabes am Ostermorgen und die in den Evangelien bezeugten Erscheinungen des Auferstandenen finden ebenfalls nicht vor großem Publikum, sondern in einem begrenzten Kreis von auserwählten Zeugen statt. Bestimmt hätte der wieder lebendige Jesus mit einem Auftritt auf dem Tempelplatz oder vor dem jüdischen Sanhedrin ein unwiderlegbares mächtiges Zeichen setzen können, doch dazu hatte Gott die Wunderkräfte seines eingeborenen Sohnes nicht vorgesehen. Immer treten die Wundertaten Jesu hinter seine Gesamtmission zurück; niemals tut er ein Wunder „einfach nur so". Der immer wieder von ihm eingeforderte Glaube seiner Jünger *„warum hast du gezweifelt...?"* geht Hand in Hand mit seinen wundersamen Taten. Die Gleichnisreden Jesu stehen den Wundertaten gleichberechtigt gegenüber, ja sie stellen den weitaus größeren Anteil in den Evangelien dar.

Letztendlich geht es bei allen Handlungen Jesu neben konkreter Hilfe immer um die Glaubenserziehung und Glaubensvermehrung seiner Jünger. Dabei kommt mir mein alter

Physiklehrer in den Sinn, der seinen theoretischen Unterricht immer wieder mit spannenden und lehrreichen Experimenten vertiefte, und so das gesprochene Wort oder den geschriebenen Text eindrücklich im Gedächtnis seiner Schüler verankerte. Doch auch bei diesem Beispiel kann das gezeigte Experiment nicht herausgelöst von seinem Lehrkontext gedacht werden, wäre uns Schülern doch beim ausschließlichen Zeigen des Versuches der tiefere Sinn und die physikalischen Zusammenhänge unbegreiflich geblieben. Wie damals meinem Physiklehrer geht es Jesus um eine ganzheitliche Beziehung von Handlung, Kontext und Verinnerlichung im Glauben.

Dieser Mission ordnet Jesus sein Leben ganz und gar unter. Zwar verweist er gegenüber Petrus und Pontius Pilatus auf die Möglichkeit, unter Zuhilfenahme seiner göttlichen Vollmacht dem Kreuzestod entgehen zu können, dennoch setzt er diese Macht nicht zu seinen eigenen Gunsten ein.

Oder glaubst du nicht, mein Vater würde mir sogleich mehr als zwölf Legionen Engel schicken, wenn ich ihn darum bitte? Wie würden dann aber die Schriften erfüllt, dass es so geschehen muss? (Matthäus 26, 53-54)

Jesus antwortete ihm: Du hättest keine Macht über mich, wenn es dir nicht von oben gegeben wäre; darum hat auch der eine größere Sünde, der mich dir ausgeliefert hat. (Johannes 19,11)

Jesus bleibt auch in dieser Situation konsequent; er erfüllt den Willen JHWH's, seines geliebten Vaters und setzt zudem mit seinem qualvollen Tod am Kreuz das deutlichste Zeichen seiner Solidarität mit den Gequälten, Verfolgten und Sterbenden dieser Welt. Indem er sich selbst zum Opfer darbringt, nimmt er das Leid der millionenfachen Opfer von Krieg und Verbrechen in seine Göttlichkeit auf.

Für das Wunder, das geschah
dort am Kreuz auf Golgatha,
als er starb, damit ich leben kann.[23]

Gott ist Mensch geworden und hat unter uns gelebt. Er hat mit uns gegessen und getrunken, er hat mit uns gelitten und ist mit uns gestorben. Gott ist nicht fern und unnahbar, sondern seinen Geschöpfen in Liebe zugetan. Wer wollte da nicht von einem großen Wunder sprechen?

---

[23] Thomas Eger: Sing mit mir ein Halleluja (1973)

Laß Deine Augen offen sein,
Geschlossen Deinen Mund
Und wandle still,
          so werden Dir
Geheime Dinge kund.
                    H.L.

WUNDER GIBT ES IMMER WIEDER

Viele Menschen suchen jeden Tag auf's neu
Jemand der sein Herz Ihnen gibt.
Und wenn sie schon glauben er kommt nie vorbei
Finden sie den einen der sie liebt.[24]

Der von Katja Ebstein gesungene Liedtext verortet die Möglichkeit realer Wunder in den einfachen Situationen dieses Lebens. Wenn nach einer großen Enttäuschung unverhofft eine neue Liebe ins Leben eines Menschen tritt, wird das zweifelsfrei eine wundervolle Erfahrung sein. Wenn nach einem überlangen Winter die Sonne an Kraft gewinnt, und die Natur ihre Blüten und Knospen aus den schneefreien Wiesen und Bäumen treibt, dann wird es uns ebenfalls warm ums Herz. Ein neugeborenes Kind, die unerwartete Zwei in Mathematik oder der Anruf eines alten Freundes, von dem ich jahrelang nichts mehr gehört habe; all das erhebt das Herz und bringt uns dem Übersinnlichen ein Stückchen näher. Wo der Zufall endet und das Wunder beginnt, wird subjektiv sehr unterschiedlich empfunden und interpretiert. Jedoch jede außergewöhnliche Situation sofort als Zufall abzutun, tötet die Fantasie und nimmt besonderen Augenblicken ihren Reiz.

---

[24] Guenter Loose: Wunder gibt es immer wieder (1970)

87

Gönnen wir uns doch den Blick in die Ferne, das Wechsel-spiel von Erleben und Verstehen und die Demut, nicht auf alles und jedes sofort eine Antwort parat haben zu müssen.

kleine große Wunder

Es gibt nur zwei Arten zu leben. Entweder so, als wäre nichts ein Wunder oder so, als wäre alles ein Wunder. (Albert Einstein)

Vor zwei Jahren bezogen unsere Tochter und ihr Mann ihr neues Eigenheim in der Nachbargemeinde, zehn Minuten Fahrtzeit von uns entfernt. Da meine Frau und ich gerne auf der Baustelle mithalfen, verbrachten wir viel Zeit bei den beiden. Eines Abends nach getaner Arbeit saßen wir ge-meinsam mit dem anderen Elternpaar und den jungen Bau-herren im Keller des Neubaus, damals der einzige beheizte Raum. Und während wir uns stärkten, überreichten unsere Tochter und unser Schwiegersohn sowohl uns wie auch den anderen beiden Eltern jeweils ein Briefkuvert, auf dem stand „Hallo Oma und Opa". Meine Frau empörte sich einen kur-zen Augenblick: „Ich bin doch noch keine Oma", dann hielt sie inne und verstand mach einem kurzen Moment. In dem Kuvert fanden wir ein Ultraschallbild unseres zukünftigen Enkelkindes. Es war einer dieser besonderen Augenblicke im Leben, wenn man vor lauter Glück die ganze Welt um-armen möchte, und wir waren später auf dem Heimweg immer noch ganz sprachlos.

Inzwischen ist unser kleiner Enkel anderthalb Jahre alt, lernt jeden Tag neue Wörter und halt seine Eltern sowie meine liebe Frau, die einmal in der Woche als Babysitterin fungiert, ganz schön auf Trab.

Sicher, zuerst einmal ist eine Schwangerschaft und die Geburt eines kleinen Menschenkindes ein ganz natürlicher Vorgang, der sich vieltausendfach jeden Tag irgendwo auf der Welt wiederholt. Und dennoch ist es immer wieder etwas ganz Besonderes; ein Erlebnis, das uns stets aufs neue staunen und jubeln lässt. Mir als Diakon ist es vergönnt, öfters kleine Mädchen und Buben taufen zu dürfen. Auch nach vielen Jahren empfinde ich diese Momente immer noch als Geschenk und als etwas Wertvolles, das niemals zur bloßen Routine werden wird.

Das Leben für sich ist bereits eines der größten Wunder. Derzeit sucht der neue Marsrover der Nasa, Perseverance[25] auf dem roten Planeten nach möglichen Spuren ehemaligen Lebens. Die Wissenschaftler gehen dabei höchstens von einzelligen oder einfachen mehrzelligen Lebensformen aus, die in früheren Zeiten auf dem ehemals mit flüssigem Wasser ausgestatteten Planeten gelebt haben könnten. Sollte dieser Nachweis gelingen, so wäre es vermutlich eine der größten Sensationen der Menschheitsgeschichte. Doch was macht eine mögliche Amöbe zu so etwas Besonderem, während in unserer Welt eine tausendmal komplexere Mücke

---

[25] engl: Ausdauer, Beharrlichkeit

oder Fliege achtlos an die Wand geklatscht wird? Haben wir verlernt, das Leben an sich als das größte Wunder zu betrachten? Müssen wir dazu erst auf andere Himmelskörper fliegen? Was unterscheidet etwas Gewöhnliches von etwas Ungewöhnlichem?

Dass wir existieren, ist nicht selbstverständlich. Genauso wenig ist es Zufall, dass ausgerechnet unser Planet die idealen Bedingungen für die Entwicklung des Lebens bieten kann. In einem als habitable Zone[26] definierten Abstand zu ihrer Sonne, der idealen Größe, mit einem ausgeprägten Magnetfeld zur Abschirmung gefährlicher Strahlungen aus dem All, mit einem ausreichenden Sauerstoffgehalt von ca. 21% in einer nichttoxischen, atembaren Atmosphäre sowie flüssigem Wasser hat die Erde alle wichtigen Voraussetzungen für unsere Existenz. Was wir vielleicht als Selbstverständlichkeit oder Gewöhnlichkeit betrachten, ist das Ergebnis tausender Parameter, deren kleinste Änderung das Leben gefährden oder gar vernichten kann. Im Laufe der Jahrmillionen entstanden auf der Erdoberfläche und in den Ozeanen immer komplexere Lebensformen, die sich an jeweilige Gegebenheiten anpassten und sich so zur aktuellen Flora und Fauna entwickelten. Viele Lebensformen verschwanden auch wieder, sei es durch Umwelteinflüsse oder durch kosmische Katastrophen wie den Yucatan-Asteroiden, dessen Ein-

---

[26] bewohnbare Zone (Lebenszone) beschreibt den Abstand eines Planeten zu seinem Zentralstern, bei dem auf dem Planeten flüssiges Wasser existieren kann.

schlag vor 66 Millionen Jahren die Dinosaurier vernichtete. Wie leicht dieses empfindliche Ökosystem aus dem Gleichgewicht gebracht werden kann, beweisen Umweltzerstörungen und den durch die Menschheit verschuldeten Wandel des globalen Klimas. Doch wie leicht auch der Mensch selbst in seiner vertrauten Existenz gestört werden kann, wurde uns durch die weltweite Covid-19-Pandemie auf dramatische Weise ins Bewusstsein gerufen. Binnen weniger Monate mussten Staaten, Organisationen und soziale Gruppen in den Krisenmodus wechseln. Der Mensch als selbsternannte Krone der Schöpfung bekam es plötzlich mit einem nur wenige Mikrometer großen Virus zu tun, gegen das erst wirksame Impfstoffe entwickelt werden mussten. Dass diese Forschung mit einer immensen Bündelung internationalem medizinischen Wissen in nur wenigen Monaten tatsächlich gelang, kann als große Sensation bezeichnet werden, oder möchten wir es lieber als ein kleines Wunder betrachten?

Wenn wir unseren Gottesglauben unbedingt auf Wunder stützen möchten, dann dürfen wir zu den bisher genannten Beispielen gerne noch weitere, persönliche oder allgemeine Ideen dazulegen. Viele Dinge oder Geschehnisse können wir sicherlich absolut rationell erklären, aber sind sie deswegen weniger „wunderbar"? Neben dem bereits beschriebenen größten irdischen Wunder, dem Leben, kommen mir noch viele weitere Umstände in den Sinn. Die Entstehung herrlicher Edelsteine tief im Inneren unseres Heimatplaneten durch das Zusammenwirken von Hitze und Druck, das Auffalten der Erdkruste zu imposanten Gebirgen wie den Alpen oder dem Himalaja, tiefe Schluchten, die durch zum Teil unscheinbare Wasserläufe in die Landschaft gegraben wurden oder bizarre Felsformationen, die das Wetter wie ein genialer Bildhauer mitten in die Landschaft modelliert hat.

Oder denken wir an die menschliche Schöpfungsgabe, die Wolfgang Amadeus Mozart seine Zauberflöte komponieren oder Leonardo da Vinci die Mona Lisa malen ließen. Aber auch die logische oder mathematische Gabe eines Albert Einstein oder die technische Kreativität des James Watt[27] oder Wernher von Brauns[28]. Denken wir weiter an die berühmten Verfasser großer Weltliteratur oder berühmte Politiker, die die Menschheit einander näherbrachte; jedoch manchmal auch das Gegenteil, mit Kriegen und Völkermorden. Genie und Wahnsinn liegen leider sehr oft dicht beieinander.

Wenn ich diese unvollständige Aufzählung nochmals in Ruhe betrachte, komme ich zum Entschluss, dass Einstein recht behält mit seiner Weichenstellung, nach der man alles für ein Wunder halten kann, oder eben gar nichts. Ich habe mich definitiv für die erste Möglichkeit entschieden.

---

[27] schottischer Erfinder (1736-1819); u. a. perfektionierte er die Dampfmaschine

[28] Deutsch-amerikanischer Raketenbauer (1912-1977), Konstrukteur der Mondrakete Saturn V. Umstritten sind seine Entwicklungen von Angriffsraketen (V2) im Dritten Reich.

Wunder – nur Erfindungen?

Nach einem Vortrag über Raum und Zeit sagte einmal ein Teilnehmer zu Albert Einstein: „Nach meinem gesunden Menschenverstand kann es nur das geben, was man sehen und überprüfen kann!" Einstein lächelte und erwiderte: „Dann kommen Sie doch mal nach vorne und legen Ihren gesunden Menschenverstand auf den Tisch!"

Der große Wissenschaftler und Nobelpreisträger ist trotz seiner bahnbrechenden Entdeckungen ein bescheidener Mensch geblieben, und hat den menschlichen Genius immer als Teil einer weit größeren Ordnung verstanden. Das unterscheidet ihn ganz wesentlich von einem ähnlich genialen Denker, Stephen Hawking[29], der seine bahnbrechenden kosmischen Entdeckungen letztendlich dazu missbrauchte, die Nichtexistenz Gottes zu behaupten. Bei aller Erkenntnis bleibt der Mensch in seinem Wissen bruchstückhaft und unvollkommen. Dazu braucht nur ein Tiefseeroboter in die Dunkelheit des Marianengrabens abzutauchen. Allein in diesem mit über 11.000 Meter tiefsten Unterwassergebiet der Erde werden Jahr für Jahr neue Wesen und Lebensformen entdeckt. Wenn also bereits auf unserem Planeten die wissenschaftlichen Disziplinen noch ständig am Dazulernen sind, um wie viel mehr gilt das dann für den interstellaren Raum, und nochmals mehr für die geistige Welt? Forscher,

---

[29] britischer Astrophysiker (1942-2018)

die angesichts ihrer Entdeckungen für sich die endgültige Entschlüsselung der allertiefsten Geheimnisse reklamieren, gestehen damit nur ihre eigene Unvollkommenheit ein. Wissenschaftler, die sich anmaßen, über JHWH zu richten oder IHN für das Ergebnis menschlicher Phantasie erklären, präsentieren damit nur noch mehr ihr eigentliches Unwissen. Schon der nächste Denker verschiebt die Grenzen des Erklärbaren wieder ein Stück weiter weg von unserer Vorstellungskraft.

Ich möchte an dieser Stelle die Natur- und Lebenswunder, das Terrain technischer Erfindungen und wissenschaftlich untersuchbarer Phänomene beiseite lassen und mit Ihnen die Welt der übernatürlichen Geschehnisse in den Blick nehmen. Ich bleibe bei meiner im vergangenen Kapitel gemachten Aussage, dass JHWH's und Jesu Wunder immer einen höheren Zweck, z. B. die Glaubensunterweisung der Jünger oder des gesamten Volkes zum Ziel hatten. Doch werden damit die unerklärbaren Geschehnisse ins Reich der Fabeln, Legenden und Phantasien verwiesen? Bliebe von den Speisewundern Jesu wirklich nur die Forderung übrig, Nahrungsmittel gerecht miteinander zu teilen? Hat Christus gar keinen Sturm besänftigt, sondern nur die Leute im Boot zu mehr Zusammenarbeit angehalten? Hat Jesus den Lazarus gar nicht von den Toten auferweckt, sondern nur auf die Möglichkeit einer Auferstehung hingewiesen? Bestimmt blieben in den Evangelien auch ohne die Wunder noch genug wertvolle Aussagen erhalten, doch rechtfertigt das den

Versuch, alles Übrige ins Reich der Märchen zu verbannen? Können Naturgesetze außer Kraft gesetzt werden, wenn Jesus über das Wasser läuft oder einem Sturm Einhalt gebietet? Und was sind eigentlich „die Naturgesetze"? Unser Wissen über Gesetzesmäßigkeiten hat sich nicht erst mit Einsteins allgemeiner Relativitätstheorie immer mehr erweitert. So sind viele Phänomene, die unsere Urahnen noch als übersinnliche Erscheinungen betrachteten, heute mit einfachen natürlichen Ursachen zu erklären. Kein Mensch in unseren Breiten denkt angesichts eines Gewitters noch an einen zornigen göttlichen Blitzeschleuderer wie Zeus oder an einen nordischen Donnergott Thor oder Wotan. Polarlichter wurden heute als Ergebnis geladener Sonnenteilchen identifiziert; feuerspeiende Vulkane als Folge unseres immer noch glutflüssigen Erdinnern. Wenn heute ein Flugzeug durch die Luft gleitet, bedeutet das nicht, dass dessen Rumpf schwerelos ist oder magisch nach oben gezogen wird. Den meisten unserer Beobachtungen liegen Naturgesetze sowie physikalische oder chemische Gesetzmäßigkeiten zu Grunde. Viele Menschen und die meisten Wissenschaftler verbannen alle Phänomene, die nicht mit diesen Parametern darstellbar sind, ins Reich der Märchen und Mythen.

Wenn wir davon ausgehen, dass die Skeptiker mit ihrem Urteil recht haben, müssen wir ihr Wissen als absolut und über jeden Zweifel erhaben ansehen. Doch zeigt uns ein kurzer Blick in die Geschichte der Forschung, dass sehr viele Thesen und Theorien immer wieder angezweifelt, verworfen und in eine vollkommen neue Richtung behauptet werden. So muss bei fast jeder erneuten Grabungskampagne im antiken Troja[30] die Geschichte dieser berühmten Stadt wieder neu geschrieben werden, weil wichtige, vorher unbekannte Erkenntnisse ans Tageslicht kommen.

Ich möchte daher feststellen, dass wir Menschen, ob Wissenschaftler oder Laien, sehr vieles (noch) gar nicht wissen und so immer noch am Lernen sind. Und einiges wird sich auch für immer unserem Wissen entziehen und paranormal[31] bleiben. Ist es daher unglaubhaft oder unmöglich? Legen wir nicht schon wieder nur menschliche, das heißt irdische Maßstäbe an?

Gott und die Naturgesetze

Als gläubiger Mensch sehe ich Gott als den Urheber allen Seins, ob irdisch, überirdisch oder interstellar an. Die genialen Kompositionen des Lebens, des Werdens und des Vergehens, der Natur und der Evolution gehen nach meiner Überzeugung auf IHN zurück. JHWH hat seine Schöpfung mit Gesetzmäßigkeiten ausgestattet, die das Zusammenwirken von materiellen, organischen und anorganischen Kräften regeln und bestimmen. Durch Evolution lässt er immer

---

[30] antike, bronzezeitliche Stätte im Nordwesten der heutigen Türkei; hier fand nach der griechischen Sage der von Homer beschriebene trojanische Krieg statt

[31] etwas nicht auf natürliche Weise Erklärbares

neue Lebensformen entstehen, während andere sich weiterentwickeln oder auch wieder aufhören. Viele Naturgesetze sind bereits sehr gut wissenschaftlich erforscht, andere harren noch auf ihre Entschlüsselung. Doch gelten diese Regeln auch für Gott selbst?

JHWH ist ganz Geist und übersteigt alle Materie, jedoch auch alle Paranormalität. Er ist nicht erklärbar, nicht verfügbar; er lässt sich weder berechnen noch direkt beweisen oder widerlegen. Er kann nur jenseits aller Rationalität erkannt und geglaubt werden. Er verlangt mehr als unseren Verstand und unser angestrengtes Denken. Vielmehr braucht es unser Herz, unser kindliches Vertrauen, unsere ganze Hingabe, um ihn auch nur ansatzweise zu erfassen. Als innigstes Zeugnis seines Daseins hat er uns ein wunderbares Zeichen geschenkt; Jesus von Nazareth, seinen Sohn, unseren Herrn und Heiland. Ganz Mensch, und dennoch mit der Fülle der Göttlichkeit ausgestattet, lebte Jesus unerkannt sein irdisches Leben, bis er sich in seinem etwa drei Jahre dauernden öffentlichen Wirken einer Gruppe von Jüngerinnen und Jüngern anvertraute und sie in das Geheimnis seines Wesens einweihte. Diesen Frauen und Männern haben wir es zu verdanken, dass Jesu Worte und Taten auch heute noch so präsent und unvergessen sind wie damals. Neben den Unterweisungen im Umgang mit der göttlichen Liebe hat Jesus durch viele bezeugte Zeichen – Wunder genannt – seine Einheit mit JHWH seinem Vater unter Beweis gestellt.

Darunter sind mehrere Taten aufgeführt, die – sollten sie der Wahrheit entsprechen – ganz offensichtlich die bekannten Naturgesetze ganz oder teilweise außer Kraft gesetzt haben. Da der Gang über das Wasser oder die Vermehrung von fünf Broten und zwei Fischen auch bei weitester Auslegung der physikalischen Gesetzmäßigkeiten unerklärbar bleiben, müssen wir sie zwangsläufig von den Naturgesetzen loslösen. Das bedeutet nicht, dass der Mensch Jesus nicht auch den natürlichen Gesetzmäßigkeiten unterworfen war. Wie sehr seine Menschlichkeit irdischer Natur war, bewies er nicht zuletzt durch sein Leiden und sein Sterben am Kreuz auf Golgotha.

Doch während der Mensch Jesus von Nazareth Teil der Welt und ihrer Ordnung war, übersteigt das Göttliche in Christus jegliche Grenzen und Gesetzmäßigkeiten. Gott ist ganz Geist und der materiellen Ordnung nicht unterworfen. Er agiert jenseits unserer Vorstellungskraft, denn die natürliche Ordnung, wie wir sie kennen, ist nur ein kleiner, ja vielleicht der kleinste Teil von Gottes universellem Werk. Insofern sind alle in der Heiligen Schrift aufgeführten Wundertaten erklärbar, wenn auch nicht mit unseren irdischen Maßstäben.

Gedenkt an das Frühere von der Urzeit her, dass Ich Gott bin und keiner sonst; ein Gott, dem keiner zu vergleichen ist. Ich verkündige von Anfang an das Ende, und von der Vorzeit her, was noch nicht geschehen ist. Ich sage: Mein Ratschluss soll zustande kommen, und alles, was mir gefällt, werde ich vollbringen. (Jesaja 46, 9-10)

Das Wesen Gottes entzieht sich unseren Erklärungsversuchen, und wir können uns ihm nur gläubig annähern. Jede wissenschaftliche Aufarbeitung JHWH's ist, noch ehe sie begonnen wird, zum Scheitern verurteilt. Erst mit dem Übergang in die Ewigkeit werden wir erkennen, was unserer Neugier zu Lebzeiten verborgen bleiben muss.

ÜBERS WASSER GEHEN

Kurz nach meiner Erstkommunion bekam ich von meinem Großonkel ein altes Bild geschenkt, wie es in früheren Zeiten in manch einer Bauernstube gehangen haben mag. Es stellte vor einem nachtschwarzen Himmel, aus dem Blitze zuckten, Jesus dar, der über die aufgewühlten Wogen des Sees Genezareth schreitet. Obwohl seine weißen Gewänder wie auch Bart und Haare vom heftigen Wind zerzaust werden, strahlt Jesu Blick eine unglaubliche Ruhe und Zuversicht aus. Der selbstbewusste Gang führt den Heiland geradezu aus dem Bild heraus auf den Betrachter zu. Ich war von dem Geschenk fasziniert, und das Bild hing viele Jahre lang über meinem Bett. Leider ist es irgendwann verloren gegangen, aber ich habe diese Szene immer noch sehr lebendig vor Augen.

Heute würde ich dieselbe Szene vielleicht aus dem Blickwinkel des Simon Petrus betrachten, mit der Faszination für das Geschehnis einerseits und andererseits mit dem Wunsch, es Jesus gleichzutun. Gleichzeitig verspürte ich dann aber den „Heidenrespekt" vor dem aufgepeitschten Wasser und dem tobenden Sturm, und ich würde es dann vermutlich vorziehen, im sicheren Boot sitzen zu bleiben. Wäre das Wagnis nicht zu groß oder sogar anmaßend? Ist es nicht vermessen, es Gott gleich tun zu wollen und mich damit auf eine Stufe mit ihm zu stellen? Um was ginge es mir eigentlich? Habe ich das nötig? Dient es meinem Glauben tatsächlich? Ja und nein.

Gott auf die Probe stellen?

Darauf nahm ihn der Teufel mit sich in die Heilige Stadt, stellte ihn oben auf den Tempel und sagte zu ihm: Wenn du Gottes Sohn bist, so stürz dich hinab; denn es heißt in der Schrift: Seinen Engeln befiehlt er um deinetwillen, und: Sie werden dich auf ihren Händen tragen, damit dein Fuß nicht an einen Stein stößt. Jesus antwortete ihm: In der Schrift heißt es auch: Du sollst den Herrn, deinen Gott, nicht auf die Probe stellen. (Matthäus 4, 5-7)

Während eines Sommerurlaubs saß ich mit meiner Frau an einem schönen Badesee, in dem sich mehrere Urlauber Erfrischung verschafften. Scherzhaft meinte ich zu ihr, dass es eigentlich möglich sein müsste, wie Jesus über das Wasser zu gehen. Sie meinte nur lachend, ich könne es ja mal ausprobieren. Je mehr ich darüber nachdachte, desto ernsthafter erschien mir dieser ursprünglich gar nicht ernst gemeinte Gedanke. Ich beließ es bei der Theorie und habe den Versuch nicht gewagt, wofür ich mich im innersten meiner Seele nachher ein wenig schämte. Doch wieso hätte ich es ausprobieren sollen? In dem lauschigen Badesee war weder ein Sturm noch ein Ertrinkender, dem ich so hätte zu Hilfe kommen müssen. Und wenn doch, hätte ich eher meine Fähigkeiten als guter Schwimmer genutzt. Was also sollte mich dazu bewegen, ein Naturgesetz aushebeln zu wollen? Um vor den Augen der anderen Badegäste ein Wunder zu vollbringen? Um was und zu wessen Ruhm wäre es dabei gegangen? Gewiss, wäre der Versuch geglückt, so wäre es eine einzigartige Show geworden, mit Zuschauern, die nicht mehr aus dem Staunen herausgekommen wären, mit Fotos und spontanen Videos, mit Berichten in den Medien und so weiter, und so weiter. Ich erschrak bei dem Gedanken, Gott auf die Probe stellen zu wollen. Nein, dafür wäre der Preis zu groß gewesen. Und diese Absicht hätte vermutlich ohnehin in einem Bauchplatscher unter dem Gelächter der Anwesenden geendet, und das vollkommen zu recht.

Das Beispiel des Simon Petrus, der, obwohl bereits auf dem Wasser stehend, mutlos und ängstlich geworden zu versinken begann, zeigte mir die großen Hürden eines solchen Versuches auf. Ohne vollkommenen, bedingungslosen Glauben kann und wird ein solches Wunder nie und nimmer gelingen können. Erinnern wir uns an die bereits gemachten Feststellungen zurück: Die heilige Schrift – sowohl Altes wie auch Neues Testament – berichtet von keiner einzigen Wundertat, die sozusagen just for fun geschehen ist, einfach aus Spaß oder um eine große Show abzuziehen. Gottes Wunder, ob sie von IHM selbst oder in seinem Geist von einem Menschen vollbracht worden sind, sind immer Teil einer übergeordneten Handlung oder eines göttlichen Dialogs, und ohne diesen Bezug zur Rahmenhandlung undenkbar und sinnlos. Daher verbietet es sich, ein Wunder ohne eine viel größere Absicht auch nur denken zu wollen, geschweige denn den realen Versuch zu wagen. Es bliebe nur die Versuchung Gottes zugunsten der Effekthascherei und der eigenen Egozentrik.

Jesus hat sich durch den Teufel nicht zu einer Demonstration seiner göttlichen Fähigkeiten hinreißen lassen, wenn gleich er es vermocht hätte. Für ihn waren Wunder zu keiner Zeit Machtdemonstrationen, sondern Mittel zum Zweck, oder Mittel zu unmittelbar notwendiger Hilfe. Auch die Jüngerinnen und Jünger haben Jesu Sendung „Heilt Kranke, treibt Dämonen aus" und die damit verbundene Vollmacht nicht zum persönlichen Vorteil ausgenutzt. Nahezu alle Apostel sind wegen ihres Glaubenszeugnisses umgebracht worden, ohne dass sie einen Versuch zur Selbstrettung unternommen hätten. Die Befähigung zu Wundertaten ist offenbar an sehr enge Regeln geknüpft, und neben dem absoluten Glauben/Vertrauen auch mit der Bereitschaft verbunden, auf jeglichen persönlichen Vorteil in diesem Zusammenhang zu verzichten.

Eine lustige Parodie im Zusammenhang mit Wundertaten stellt der Film „Bruce Allmächtig" dar.[32] Der Journalist Bruce erhält von Gott die Befähigung, Wunder zu vollbringen. Was zunächst als harmlose Spielerei beginnt, etwa die Durchquerung des Roten Meeres in einem Suppenteller

---

[32] Bruce Allmächtig (Original Bruce Almighty), US (2003) Filmkomödie von Tom Shadyac

nachzustellen, entwickelt sich bald zum Rachemittel zulasten von Bruce' Gegnern. Schließlich verfällt der Befähigte in Geltungsdrang, Macht- und Geldgier, und verliert so die Liebe seiner Frau. Enttäuscht, aber einsichtig gibt er die Wundergabe schließlich wieder an Gott zurück.

Jeder Versuch, aus einem besonderen Talent Macht und persönlichen Reichtum zuungunsten anderer zu ziehen, wird früher oder später scheitern, und sei es erst im Urteil der Geschichte und der Nachwelt. Wie viele begabte Menschen, die an ihren eigenen Idealismus geglaubt hatten, wurden zu Diktatoren und Tyrannen, sobald sie erst einmal die Droge des uneingeschränkten Erfolgs, der grenzenlosen Macht und des Reichtums gekostet hatten. Dem immer vergnügten Bruce aus dem beschriebenen Film ging es nicht anders. Erst als er alles, was ihm einst wichtig war, verloren hatte, begann er seinen Irrtum einzusehen. Einem Napoleon, Hitler oder Stalin, denen auch diese Einsicht fremd blieb, wurden ihre ursprünglich positiven Gaben zum Fluch, da sie ganze Völker ins grenzenlose Elend stürzten.

Jesus hat sich davor gehütet, seinen Vater jemals auf die Probe zu stellen. Ihm war das Vertrauensverhältnis zu Gott sehr viel kostbarer als die Fähigkeit, zum eigenen Vorteil anderen etwas beweisen zu wollen. Die Wundertaten, die Jesus dennoch vollbringen konnte, waren immer einem weit höheren Ziel untergeordnet. Selbst der Gang auf dem Wasser, der ja das Leitmotiv dieses Buches beschreibt, war der vertrauensbildenden Maßnahmen seinen Jüngern gegenüber geschuldet, und nicht der Machtdemonstration gegenüber den Naturgewalten.

Vorschusslorbeeren

Die Komödie ‚Bruce Allmächtig' führt den Zuschauern die Sinnlosigkeit vor, Gott auf die Probe stellen zu wollen oder vielmehr, Gottes Rolle übernehmen zu wollen. Wie aber kann die Befähigung zu ungewöhnlichen Taten, wie sie Jesus seinen Freunden zugesprochen hat, in rechter Weise verstanden und umgesetzt werden? Bevor wir aus der menschlichen Perspektive nach geeigneten Antworten suchen, lohnt es sich, unser ewiges Gegenüber in den Blick zu nehmen. Gott erschließt sich uns selten direkt, sondern meist in einem indirekten Konsens. Jesus wurde einmal von einem Schriftgelehrten gefragt, wie oft man seinem Bruder (seiner Schwester) vergeben solle – siebenmal? „Nicht siebenmal, sondern sieben mal siebzig Mal", war Jesu Antwort. Dieses Gebot, das eine unbegrenzte Bereitschaft zur Vergebung beschreibt, kann gewiss als Richtschnur für gottgefälliges Handeln angesehen werden, und doch steckt so viel mehr dahinter. Denn wenn schon ein einfacher Mensch die Fähigkeit erlernen soll, unbegrenzt viele Male nachsichtig und barmherzig zu Seinesgleichen zu sein, um wie viel mehr muss das dann für Gott selbst gelten? Immer wenn die Israeliten als auserwähltes Volk Gottes vom Pfad der Gebote

Jahwes abgewichen sind, wurde ihnen dennoch nach einem heilenden Zorn wiederum die Vergebung zuteil und der Bund zwischen Gott und Menschen ein um das andere Mal erneuert und bekräftigt. Ja es scheint so, als ob Gott die Wiederaussöhnung mit dem israelischen Volk geradezu euphorisch aufgenommen und seine Auserwählten jedes Mal mit einer wahren Segensfülle wieder in die Arme geschlossen hätte.

Ist Gott leichtgläubig? Verschließt er blauäugig seinen Blick vor der Möglichkeit, immer wieder enttäuscht zu werden? Wird er nicht eines Tages endgültig die Nase voll haben und sich für immer aus seinem Bund zurückziehen? Wie weit reicht seine Großzügigkeit? Das Gleichnis vom verlorenen Sohn lässt Gottes Gedanken ein wenig erahnen:

Weiter sagte Jesus: Ein Mann hatte zwei Söhne. Der jüngere von ihnen sagte zu seinem Vater: Vater, gib mir das Erbteil, das mir zusteht! Da teilte der Vater das Vermögen unter sie auf. Nach wenigen Tagen packte der jüngere Sohn alles zusammen und zog in ein fernes Land. Dort führte er ein zügelloses Leben und verschleuderte sein Vermögen. Als er alles durchgebracht hatte, kam eine große Hungersnot über jenes Land und er begann Not zu leiden. Da ging er zu einem Bürger des Landes und drängte sich ihm auf; der schickte ihn aufs Feld zum Schweinehüten. Er hätte gern seinen Hunger mit den Futterschoten gestillt, die die Schweine fraßen; aber niemand gab ihm davon. Da ging er in sich und sagte: Wie viele Tagelöhner meines Vaters haben Brot im Überfluss, ich aber komme hier vor Hunger um. Ich will auf-

brechen und zu meinem Vater gehen und zu ihm sagen: Vater, ich habe mich gegen den Himmel und gegen dich versündigt. Ich bin nicht mehr wert, dein Sohn zu sein; mach mich zu einem deiner Tagelöhner! Dann brach er auf und ging zu seinem Vater. Der Vater sah ihn schon von Weitem kommen und er hatte Mitleid mit ihm. Er lief dem Sohn entgegen, fiel ihm um den Hals und küsste ihn. Da sagte der Sohn zu ihm: Vater, ich habe mich gegen den Himmel und gegen dich versündigt; ich bin nicht mehr wert, dein Sohn zu sein. Der Vater aber sagte zu seinen Knechten: Holt schnell das beste Gewand und zieht es ihm an, steckt einen Ring an seine Hand und gebt ihm Sandalen an die Füße! Bringt das Mastkalb her und schlachtet es; wir wollen essen und fröhlich sein. Denn dieser, mein Sohn, war tot und lebt wieder; er war verloren und ist wiedergefunden worden. (Lukas 15, 11-24)

Es mutet ein wenig befremdlich an, dass der Vater, der von seinem Sohn derartig enttäuscht worden war, nicht ein Wort des Tadels verliert, ja nicht einmal auf einer Entschuldigung besteht, sondern den verlorenen Sohn nicht nur bereitwillig wieder bei sich aufnimmt, sondern ihn mit guten Gaben geradezu überhäuft. Der ältere Sohn reagiert gereizt auf diese vermeintliche Ungerechtigkeit:

Sein älterer Sohn aber war auf dem Feld. Als er heimging und in die Nähe des Hauses kam, hörte er Musik und Tanz. Da rief er einen der Knechte und fragte, was das bedeuten solle. Der Knecht antwortete ihm: Dein Bruder ist gekommen und dein Vater hat das Mastkalb schlachten lassen, weil er ihn gesund wiederbekommen hat. Da wurde

108

er zornig und wollte nicht hineingehen. Sein Vater aber kam heraus und redete ihm gut zu. Doch er erwiderte seinem Vater: Siehe, so viele Jahre schon diene ich dir und nie habe ich dein Gebot übertreten; mir aber hast du nie einen Ziegenbock geschenkt, damit ich mit meinen Freunden ein Fest feiern konnte. Kaum aber ist der hier gekommen, dein Sohn, der dein Vermögen mit Dirnen durchgebracht hat, da hast du für ihn das Mastkalb geschlachtet. Der Vater antwortete ihm: Mein Kind, du bist immer bei mir und alles, was mein ist, ist auch dein. Aber man muss doch ein Fest feiern und sich freuen; denn dieser, dein Bruder, war tot und lebt wieder; er war verloren und ist wiedergefunden worden. (Lukas 15, 25-33)

Der Vater nimmt sich die Zeit, seinen älteren Sohn, der ihm all die Jahre treu zur Seite gestanden hatte, von seiner Freude über die Heimkehr des Bruders zu überzeugen. Während der ältere der beiden Söhne noch in Misstrauen und vielleicht auch Eifersucht verharrt, verteilt der Vater aus lauter Freude Vorschusslorbeeren an den Jüngeren, trotz des Risikos, ein weiteres Mal von ihm enttäuscht zu werden.
Nicht viel anders verhält sich Jesus, der sich aus seinem Jüngerkreis ein Dutzend Apostel heraussucht, und diese mit „Sonderaufträgen" wie der Evangelisation der umliegenden Städte und Dörfer betraut, wohl wissend, dass ihn die meisten von ihnen einmal verraten, verleumden und im Stich lassen werden. Wieso verteilt Gott immer wieder diese Vorschusslorbeeren, wieso schenkt er immer wieder Menschen

sein Vertrauen, von denen er genau weiß, dass sie ihn enttäuschen werden. Warum tickt Gott so?

Mit dem Blick der Ewigkeit

Dieser Gott meint es gut mit seinen Geschöpfen. Wer schon einmal die Sagen des alten Griechenlandes, die Ilias, die Odyssee oder Iasons Reise zum Goldenen Vlies[33] gelesen hat, lernt eine komplett andere Götterwelt kennen. Herrschsüchtig, dem Krieg wohlgesonnen, heimtückisch sowohl Menschen wie auch anderen Göttern gegenüber, von irdischen Gelüsten und Affären getrieben, stellen die Götter des Olymps eher den Spiegel der menschlichen Abgründe wie eine heilige Gemeinschaft dar. Auch die nordischen Götter Germaniens und Skandinaviens geben menschlichen Helden und gefallenen Kriegern den Vorzug in Wallhall, während für normale Sterbliche nur das graue Totenreich der Göttin Hel übrigbleibt. Götter, die sich gegenseitig betrügen und hintergehen, springen natürlich mit abtrünnigen Menschen auch nicht gerade zimperlich um.

Der jüdisch-christliche Gott JHWH dagegen ist vollkommen anders; mit menschlichen Maßstäben nicht ermessbar, in seiner Handlungsweise jenseits aller irdischen Normen und Gesetzen. Er übersteigt alles, was sich der menschliche Geist jemals unter ihm vorgestellt hat, er sprengt jeden

---

[33] vergl. Gustav Schwab: Sagen des klassischen Altertums (1840)

Rahmen der Phantasie, und bleibt doch in seiner unendlichen Liebe berechenbar und greifbar vertraut. Woher nimmt Gott diese Weitsicht, diese Nachsicht unseren Fehlern gegenüber? Was macht seinen Vertrauensvorschuss uns gegenüber aus? Mit den Vorstellungen dieser Welt und unserer zeitlich gebundenen Wahrnehmung können wir Gottes Handlungsweise weder begreifen noch verstehen. Erst ein Blick über den Tellerrand unserer menschlichen Welt kann ein wenig Licht ins Dunkel unserer Fragen bringen.

Denn tausend Jahre sind in deinen Augen wie der Tag, der gestern vergangen ist, wie eine Wache in der Nacht. (Psalm 90,4)

Gott ist der Ewige, er steht außerhalb von Zeit und Raum, sein Blick und sein Handeln geht weit über unsere begrenzte Sicht hinaus. Wir können mit unserem eingeschränkten Blick, der nur die diesseitige Welt erfasst, Gott oftmals nicht begreifen und schon gar nicht verstehen. Denn Gott sieht in jedem Menschen seine Gesamtheit, sein irdisches Dasein wie auch sein ewiges Wesen. Er weiß um verborgene menschliche Gefühle, Ängste und Sehnsüchte und findet in jedem seiner Geschöpfe auch dort noch den guten Kern, wo menschliche Augen nur noch das Böse wahrnehmen. Vielleicht sind seine immer wiederkehrenden Zuwendungen deshalb gar keine Vorschusslorbeeren, sondern die genaue Kenntnis der jeweiligen Seele. Das Erbarmen Gottes richtet

111

sich nicht nur an den notorischen Sünder, sondern in gleichem Maße an dessen ewiges Ich, an den bereits in Gottes Ewigkeit erlösten Menschen.[34] Aus unserer zeitlichen Sicht heraus ist Gottes Handeln vorausschauend, jedoch nicht immer ausgleichend gerecht, manchmal zu nachsichtig zugunsten „böser" Menschen. Aus Gottes Sicht ist es die vollkommene Liebe gegenüber seinen Kindern, die er in ihrer Gesamtheit aus irdischem und ewigem Dasein wahrnimmt.

Trägt das Wasser?

Schon manches Mal bin ich gefragt worden, ob denn Jesus tatsächlich über das Wasser gelaufen ist. Wenn ich darüber nachdenke, spüre ich den untrennbaren Zusammenhang von Jesu Wunder und meinem eigenen Glauben, und dieser Gedanke lässt mich letzten Endes nicht mehr fragen, ob Jesus tatsächlich über das Wasser gegangen ist, sondern nur noch, ob ich ihm dieses Wunder zutraue. Und damit bin ich bereits wieder beim Kern dieser Erzählung angelangt, nämlich der Symbiose von Glauben und Vertrauen einerseits und dem Getragensein andererseits. Aus dieser Sicht muss ich die Frage anders formulieren, und statt der Tragfähigkeit des Wassers die Tragfähigkeit meines Glaubens hinterfragen. Denn wenn mein Glaube an Jesus nur an seiner Fähigkeit,

---

[34] vgl. „Allezeit und Ewigkeit", Günter Kaiser, BoD 2019

übers Wasser zu laufen hängt, fehlt mir die Erkenntnis, worauf es Jesus wirklich ankam.

Doch ich möchte mich auch nicht um die Beantwortung der eingangs gestellten Frage drücken. Ja, ich traue es Jesus absolut zu, dass er über das Wasser gehen konnte, und ich bin mir auch ziemlich sicher, dass ich selber oder Du oder Sie es ebenfalls vollbringen könnten. Doch schon muss ich mir die ernsthafte Frage stellen, welchen Zweck es erfüllen sollte. Ich muss mir, wenn ich meinen Glauben ernst nehme, nicht erst beweisen, dass ich übernatürliche Dinge vollbringen und die Naturgesetze aushebeln kann. Auch kann es nicht Absicht meines Glaubens sein, durch eine magische Showeinlage andere Menschen von diesem Glauben zu überzeugen. So bliebe als letzter Grund der Vertrauensbeweis Gott gegenüber. Doch verlangt Gott ein solches Glaubenszeugnis von mir? Jesus hat Petrus erst aufgefordert, aus dem Boot zu steigen und ihm auf dem Wasser entgegenzugehen, als Petrus ihn um die Aufforderung gebeten hat. Der christliche Glaube gründet auf andere, tiefere Werte und hat keine magische Mutprobe nötig. Paulus bringt es im ersten Korintherbrief und im Hohen Lied der Liebe auf den Punkt:

Wenn ich alle Glaubenskraft besäße, und Berge damit versetzen könnte, hätte aber die Liebe nicht, wäre ich nichts. (1 Korinther 13, 2)

Deswegen muss der Glaube, wenn er den Weg in Richtung Vollkommenheit gehen soll, nicht einen übernatürlichen,

sondern als einzige Wahrheit den liebenden Pfad beschrei-
ten. Je mehr sich das Herz der Liebe zuwendet, desto mehr
werden Wundergaben in den Hintergrund treten, bis im Ide-
alfall am Ende nur die Liebe selbst übrig bleibt. Diesen Weg
ist Jesus bis zur letzten Konsequenz gegangen, und diese
Konsequenz hielt ihn letztendlich auch davon ab, vom
Kreuz herabzusteigen. Deswegen frage ich an dieser Stelle
noch einmal „Trägt das Wasser?", und definiere gleichzeitig
den Begriff „Wasser" in diesem Zusammenhang neu.
Am Anfang unserer Zugehörigkeit zur Gemeinschaft der
Christinnen und Christen steht für jeden Menschen, sei es
als kleines Kind oder als erwachsener Mensch das Sakra-
ment der Taufe. So wie Petrus auf dem See von Genezareth
versinken wir bei der Taufe symbolisch im Wasser, um an
Jesu Hand als verwandelte, neue Menschen wieder aus der
Flut emporzusteigen, und sei es nur aus einem kleinen
Schluck Wasser, das einem Säugling über den Kopf gegos-
sen wird. Ich erweitere daher die Frage, und sie lautet jetzt:
„Trägt die Taufe?". Dabei kommt es nicht auf das Glauben
an bestimmte Wunder Jesu an, sondern auf ein nach seinem
Vorbild geprägten liebevolles Handeln an den Mitmenschen
und der Schöpfung. Dass dabei dem Wasser als unverzicht-
barem, lebenserhaltendem Gut eine wichtige Rolle zu-
kommt, steht außer Frage. Insofern sind das Wasser und die
Liebe, die ebenfalls lebensnotwendig ist, sehr eng miteinander verbunden. Der erste Liebesdienst, den wir einem ent-

kräfteten oder erschöpften Menschen tun können, ist die Verabreichung eines Schluckes Wasser. Im Lobpreis und der Anrufung Gottes über dem Wasser wird in der Tauffeier die besondere Bedeutung des Wassers betont:

Schon im Anfang der Schöpfung schwebte dein Geist über dem Wasser und schenkte ihm die Kraft, zu retten und zu heiligen. Selbst die Sintflut ist ein Bild für die Taufe; denn das Wasser brachte der Sünde Untergang und heiligem Leben einen neuen Anfang. Die Kinder Abrahams hast du trockenen Fußes durch das Rote Meer geführt und sie befreit aus der Knechtschaft des Pharao. So sind sie ein Bild der Getauften, die du befreit hast aus der Knechtschaft des Bösen.
Wir preisen dich, Gott, allmächtiger Vater, für deinen geliebten Sohn Jesus Christus. Er wurde von Johannes im Jordan getauft und von dir gesalbt mit Heiligem Geiste. Als er am Kreuz erhöht war, flossen aus seiner Seite Blut und Wasser. Nach seiner Auferstehung gab er den Jüngern den Auftrag: „Geht hin und lehrt alle Völker und tauft sie auf den Namen des Vaters und des Sohnes und des heiligen Geistes."[35]

Der Missionsauftrag Jesu[36] am Ende des Matthäusevangeliums fordert seine Jüngerinnen und Jünger auf, „alle Völker" zu lehren und in der Konsequenz dazu auch zu taufen. Um

---

[35] Taufliturgie; Hochgebet der Taufe im römischen Ritus (Auszug)
[36] Matthäus 28,19

aber die Frohe Botschaft überzeugend und authentisch an andere weitergeben zu können, muss Jesu Jünger darauf vertrauen, vom Wasser der eigenen Taufe tatsächlich getragen zu werden, und dabei auch manches Mal das schützende Boot, Symbol der persönlichen Sicherheit, zu verlassen. Wenn ich mich dabei immer wieder ängstlich umsehe, und Widerspruch und Spott fürchte, werde ich mich kaum in einem möglichen Gegenwind über Wasser halten können. Dass ich wie Petrus ein „Kleingläubiger" bin, darf mir nicht als Vorwand dienen, meinen Mund zu halten und meinen Glauben als Privatsache vor anderen zu verstecken.

Wird das Wasser mich tragen? Um dies zu ergründen, muss ich auf jeden Fall den Versuch wagen.

Konsequenz

Am Ende dieses Kapitels und Buches steht immer noch die Frage, ob ich tatsächlich über das Wasser gehen könnte, und es ist nach wie vor keine physikalische Frage, sondern allein eine Sache des Glaubens. Zweifelsfrei sind die Aussagen Jesu dazu ernst gemeint, und Glaube in der Größe eines Senfkörnleins würde mich befähigen, einen Baum oder einen ganzen Berg zu versetzen. Doch wem oder wozu diente das? Was könnte dieser arme Baum dafür, dass ich mir selber etwas beweisen möchte? Und was wäre mein persönlicher Gewinn davon? Denn wenn mir der rechte und konsequente Glaube fehlte, so würde mir auch ein übernatürliches Wunder nicht weiterhelfen. Denn vermöchte ich tatsächlich über das Wasser zu gehen, so überkäme mich die Versuchung, daraus Gewinn oder Berühmtheit zu generieren. In letzter Konsequenz würde ich vielleicht meinen Bewunderern gegenüber so etwas wie die Rolle Gottes übernehmen. Was bliebe dann von meinem Glauben an Gott und seine Wunder noch übrig?

Wenn ich also ernsthaft und in tiefem Vertrauen glaube, brauche ich dann überhaupt noch solche Selbstbeweise, wie die Fähigkeit übers Wasser gehen zu können?

Am Schluss meiner Betrachtungen in Bezug auf Wunder und meiner eigenen Fähigkeiten, sie tun zu können oder nicht, stehen für mich zwei wichtige Folgerungen:

- ohne vollkommenen Glauben kann ich es nicht
- mit vollkommenem Glauben brauche ich es nicht

Mit diesem beruhigenden Resultat kann ich mich freudig an die großen Heilstaten JHWS's und an die vielen liebenden und heilenden Wunder Jesu erinnern, ohne mich selber irgendwie profilieren zu müssen. Ich kann mein Leben, mein Lieben und Verkündigen Gott und seinem Heiligen Geist übergeben, der mich immer wieder aus dem Herzen heraus gute Taten vollbringen oder helfende Worte sprechen lässt. Und das ist doch gewiss auch ein richtiges Wunder.

Quellenverzeichnis

Die Bibel, Einheitsübersetzung, 1.Auflage 2016, Lizenzausgabe der Katholischen Bibelanstalt GmbH Stuttgart; ISBN 978-3-460-44000-5

Hinweis: Sämtliche Texte der Heiligen Schrift sind, soweit nicht anders gekennzeichnet, dieser Ausgabe entnommen. Es wird, außer zu Beginn dieses Buches, nicht mehr gesondert auf diese Quelle hingewiesen.

Gotteslob, Katholisches Gebet- und Gesangbuch, herausgegeben von den (Erz-)Bischöfen Deutschlands und Österreichs und dem Bischof von Bozen-Brixen, © 2013 Katholische Bibelanstalt GmbH, Stuttgart

Die Hütte – Ein Wochenende mit Gott, William Paul Young, Windblown Media Inc., Deutsche Ausgabe: Ullstein Buchverlage GmbH, 22.Auflage 2018

Kleines Konzilskompendium, Karl Rahner, Herbert Vorgrimler, 32.Auflage, Herder 1966

Gustav Schwab – Kurt Eigl: Die schönsten Sagen des klassischen Altertums, Südwest Verlag München 1975

Allezeit und Ewigkeit, Günter Kaiser, BoD-Books on Demand; 1.Auflage 2019; ISBN 978-3-7494-7161-4

Bildverzeichnis:

Coverbild: Ryan Rad, Jesus walks on water, Miracles of Jesus Christ, Istockphoto ID 1131750029, Lizenz erworben am 12.03.2021 www.istockphoto.com

Seite 12: Jesus und Thomas, Glasmalerei,
Bild: Falco auf Pixabay, lizenzfrei

Seite 28: Fröhliche Weinachten, Postkarte um 1900
Autor unbekannt, lizenz- und gemeinfrei auf Wikimedia Commons, 2021

Seite 40: Vigil Dorigo, Schutzengel, Gröden um 1900
Foto: Wolfgang Moroder, lizenz- und gemeinfrei auf Wikimedia Commons, 2021

Seite 54: Das Gespräch, Skulptur, Maria Becke-Rausch 1961
Foto: Bernd Schwabe, lizenz- und gemeinfrei auf Wikimedia Commons, 2021

Seite 64: Arche, Holzskulptur, Mundenhof bei Freiburg,
Foto: Günter Kaiser 2019

Seite 86: Hermann-Löns Denkmal, Walsrode
Foto: Günter Kaiser 2006

Seite 100: Höre und du wirst sehen, Stift Melk, Österreich
Foto: Günter Kaiser 2019